Philip Newell

MIT EINEM FUSS IM PARADIES

Philip Newell

Mit einem Fuss im Paradies

Die Stufen des Lebens im keltischen Christentum

HERDER

FREIBURG · BASEL · WIEN

Titel der Originalausgabe:
Philip Newell, One Foot in Eden.
A Celtic View of the Stages of Life

Deutsche Textfassung
nach einer Übertragung von Bernd Vogel

Umschlagmotiv: zefa visual media, W. Krecichworst

www.herder.de
Druck und Bindung: fgb · freiburger graphische betriebe 2003
www.fgb.de
Gedruckt auf umweltfreundlichem,
säurefrei gebleichtem Papier
ISBN 3-451-27880-4

Meinen drei Schwestern
Darlane, Heather und Japhia:
Wir teilen den Anfang
unseres Lebens

Inhalt

Vorwort

Ein Buch über das Geschenk des Lebens und besonders über die verschiedenen *Lebensphasen* oder *Stufen des Lebens* hat in mir unweigerlich einen großen Strom von Erinnerungen freigesetzt. Bilder aus jeder Stufe meines Lebens sind aus der Vergangenheit aufgestiegen. Ich habe mich an so viele Menschen erinnert, die auf so unterschiedliche Art und Weise Teil meiner bisherigen Lebensreise gewesen sind. Vor allem meine schottische Großmutter Mary Ferguson war mir während des Schreibens gegenwärtig. Mit großer Lebendigkeit in den Augen, bis in das Alter von über neunzig Jahren, pflegte sie zu sagen: »Ist Liebe nicht großartig!«

Im Herzen des christlichen Mysteriums lebt die Überzeugung, dass Liebe die Quelle des Lebens ist. Aus dieser Quelle fließen die Gnadengaben, die in uns aufsteigen. Darum sind es Menschen wie meine Großmutter, die für mich zu Vermittlern der Liebe geworden sind und denen ich danken möchte. Sie haben ein Verständnis in mir grundgelegt für das wesenhaft Gute im Herzgrund des Lebens. Sie sind diejenigen, an denen ich die Wahrheit erfahren habe, dass Liebe tiefer schaut als das Böse, wenn sie das Gutsein des Bildes beansprucht, nach dem wir Menschen geschaffen sind.

Dieses Buch ist entstanden aus einer kurzen Anleitung zur geistlichen Begleitung der Fastenzeit, die ich für die anglikanische Diözese von Portsmouth verfasst habe. Es erwuchs in erster Linie aus wöchentlichen Meditationen mit einer Gruppe von Männern und Frauen unterschiedlichen Alters und verschiedener Lebensstufen. Es wurde danach von Hunderten kleiner Gruppen in der ganzen Diözese in der Fastenzeit als eine Grundlage für die Meditation über die Gnadengaben des Lebens benutzt. Viele der Geschichten und Einsichten im Buch sind aus diesen Meditationen und Gruppengesprächen eingeflossen.

Ich bin denen dankbar, die Teil dieses gemeinsamen schöpferischen Prozesses gewesen sind. Vor allen möchte ich meinem Bischof Kenneth Stevenson danken, der mir in seiner großherzigen Art den Freiraum zum Schreiben gab und mich ermutigt hat.

Kapitel 1 ist besonders dem kleinen Jerome nebenan gewidmet, der im Bauch seiner Mutter war und zur selben Zeit wie dieses Buch zur Welt kam.

J. Philip Newell

Einführung

Der schottische Dichter Edwin Muir schreibt in seinem Gedicht *Mit einem Fuß im Paradies:*

> Und immer noch entspringt aus Eden
> So rein die Wurzel wie am ersten Tag.[1]

Muir weist auf eine Verbindung tief in uns und in allem Leben zu dem wesenhaften Segen des ersten Schöpfungstages hin. Seine Worte deuten an, dass es im Herzgrund unseres Wesens eine Dimension des Lebens gibt, die immer noch in dem ursprünglichen Gutsein wurzelt, für das das Paradies steht. Vielleicht haben wir den Blick dafür verloren. Vielleicht liegt dieser Zusammenhang verschüttet unter anderen Schichten dessen, der wir geworden sind. Aber er ist da und wartet darauf, wiederentdeckt zu werden. Er ist die Wurzel, aus der das Gute und Schöpferische in uns wieder zum Leben kommen können.

Diese Überzeugung kennzeichnet die keltische Überlieferung der Spiritualität in jeder Phase ihrer Entwicklung.[2] Pelagius, der erste bedeutende Lehrer in der alten keltischen Kirche, hatte gelehrt, dass wir in das Bild Gottes schauen, wenn wir in das Gesicht eines neugeborenen Kindes sehen. Ebenso gab es in der großen poetischen Überlieferung des Betens auf den vor Schottland gelegenen *Western Isles* bis weit in das neunzehnte Jahrhundert hinein den Glauben, dass in der Geburt eines Kindes das Bild Gottes unter uns ganz neu geboren wird. Damit war nicht gesagt, dass dies nur wahr wäre bei der Geburt eines Kindes, sondern es galt als tiefste Wahrheit für alle Menschen und die ganze Schöpfung. Gott ist das *Leben* inmitten allen Lebens.

Nachdrücklich zu betonen, dass das Leben wesenhaft gut ist, bedeutet nicht, so zu tun, als ob es das Böse nicht gebe. Es bedeutet nicht, zu leugnen, dass wir und die ganze Schöpfung in furchtbarer Weise an falsches Tun und Sünde gefesselt sind. Auch Muir schreibt in Anlehnung an Jesu Gleichnis vom Feld, auf dem gute Saat ausgebracht war, bevor der Feind Unkraut darunter brachte:

> Und nichts, was hier jetzt trennen kann:
> Zusammen wuchsen Korn und Kraut.[3]

Auf den Feldern unseres Lebens, schreibt er, stehen das Böse und das Gute eng verwoben. Die tiefste Wahrheit aber ist, dass das Feld und seine Frucht gut sind. Das Unkraut droht die guten Ähren zu überwuchern und zu ersticken. Erlösung bedeutet nach dem Modell dieser Spiritualität, das ursprüngliche Gutsein, das in uns ist, von allem zu befreien, das es bedroht oder unterdrückt. Die Gnadengaben Gottes sind tief innen eingepflanzt und müssen von allem, was sie verdunkelt oder verschüttet, gelichtet werden. Sie sind wie der Schatz, der verborgen im Acker unseres Lebens liegt.[4] Je tiefer wir graben, desto mehr werden wir von jenem »Schatzfund« – wie Muir ihn nennt – finden, eingewickelt vielleicht in Schichten angehäufter Dunkelheit.

Christus ist der Befreier und derjenige, der uns den Schatz in unserem Leben zeigt und uns auf dem Weg der Erlösung leitet, um ihn wiederzuerlangen. Es geht um ein Gutsein, das im Leben immer wieder von neuem gefunden werden will – auf verschiedene Weise und in den vielfältigen Dimensionen dessen, der wir sind –, so wie der amerikanisch-britische Schriftsteller Thomas Stearns Eliot schreibt:

> Der Kampf geht nur um das Wiedergewinnen des Verlorenen,
> Wiedergefunden und immer wieder verloren.[5]

Christus führt uns nicht nur zu diesem Schatz, sondern ebenso durch schmerzliche Begegnungen mit der Falschheit dessen, was in uns ist. Diese Schatten müssen verstanden werden, wenn wir einen Blick auf den Schatz von Gottes Leben im Herzgrund unseres Lebens erlangen wollen. »Die halb verstandene Gabe ist Inkarnation«, sagt Eliot.[6] Der verborgene Schatz, auf den Jesus uns hinweist, ist Gottes Leben, das verwoben ist in unser Leben.

Jede Geburt – ob unsere eigene oder die irgendeiner lebenden Kreatur – ist dann im Grunde ein Neuempfang von Gottes Leben unter uns.

Kapitel 1, *»Geburt und Heiligkeit«*, führt dieses Thema der wesenhaften Heiligkeit alles Geborenen aus. Dabei geht es nicht nur um unser eigenes Leben, sondern auch um das Leben derer, die wir nur schwer gern haben oder respektieren können. Es wird danach gefragt, wie wir unsere innere Sicht wiederentdecken können, um wahrhaft jenes Licht sehen zu können, das »jeden Menschen erleuchtet, der auf diese Welt kommt«, wie das Johannesevangelium sagt.[7] Es ist dieses Licht, das tiefer reicht als jede Finsternis und das von ihr nicht überwunden werden kann, eine Heiligkeit, die wiederzuerlangen und zu achten ist im Herzgrund jedes Lebens.

Kapitel 2, *»Kindheit und Unschuld«*, beschäftigt sich besonders mit der Gnade, die in den Augen eines Kindes aufleuchtet. Ist die Unschuld zu Beginn unseres Lebens nur dafür in uns eingepflanzt worden, dass sie zurückbleibt, wenn wir die Kindheit hinter uns lassen? Unschuld ist eine Gnade, die uns etwas vom Wesen des Lebens Gottes verleiht. Wie können wir sie wiederentdecken und ihre Gaben des Staunen- und Vertrauen-Könnens verbinden mit den Erfahrungen unseres späteren Lebens?

»Jugend und Erwachen«, Kapitel 3, bedenkt die große Spannweite von Erfahrungen des Aufwachens und Erwachens, die sich in unserer Jugend ereignen, wenn neue Sehnsüchte und Möglichkeiten sich in uns rühren. Das Eindringen so vieler ungewohnter Gefühle und Gedanken kann zu bestimmten Zeiten des Heranwachsens auch beträchtliche Turbulenzen hervorrufen; im Grunde ist aber, was sich da ereignet, eine Gnade des Erwachens. Jugendliche erfahren den Aufstieg zu Bewusstseinstiefen, die ihnen bis dahin unbekannt waren. Was aber geschieht dann mit dieser Welle des Erwachens, die über uns mit solch bezwingender Macht hereinbrechen kann? Verschließen wir uns vor dieser scheinbar unbequemen Gnade, oder öffnen wir uns auf tieferer Ebene für sie, um die grenzenlosen Tiefen von Gottes Bild und schöpferischer Kraft in uns zu entdecken?

Kapitel 4, *»Frühes Erwachsenenalter und Leidenschaft«*, erkundet die Leidenschaft für das Leben, die in diesen Jahren in den Vordergrund tritt, sei es in Beziehungen oder in einem geschärften Sinn für die Ungerechtigkeit in der Welt. Was im Leben ist wertvoll, das ohne Leidenschaft geschieht? Empfängnis, künstlerische Kreativität und die unbedingte Entschlossenheit, das Unrecht zu bekämpfen und für die Umgestaltung unserer Welt zum Besseren zu arbeiten – sie alle entspringen aus dem Feuer der Leidenschaft. Sie ist eine Flamme, die an der leidenschaftlichen und ausgelassenen Schöpferkraft Gottes teilhat. In welchen Gebieten unseres Lebens sollte diese risikobereite Gnade sich wieder entzünden?

*»Mittlere Jahre und Hingabe«**, Kapitel 5, fragt danach, was in uns das unbedingte Verlangen danach schafft, uns einander, der Familie und den Anforderungen breiterer Verantwortung hinzugeben. Die Gnade der Hingabe erhält die Entschlossenheit und Stärke unserer Entscheidung, zu lieben und Sorge zu tragen, am Leben. Obwohl die Liebe

manchmal in uns bis zur Unkenntlichkeit überdeckt ist, ist sie im Herzgrund unseres Lebens da, so wie wir geschaffen sind nach dem Bild des *Einen*, der die *Liebe* ist. Uns dieser *Liebe* innerlich zu vergewissern befreit uns dazu, uns selbst und einander treu zu sein.

Kapitel 6, *»Alter und Weisheit«*, schaut auf eine Gnade, die aus der Erfahrung und Erduldung eines ganzen Lebens erwachsen kann. Die Gnade der Weisheit findet ihren Ausdruck im Loslassen, wenn sich der feste, kontrollierende Zugriff auf das Leben löst. Alte Menschen können eine Sicht auf das Leben eröffnen, die im Gegensatz zum Engagement und zur Geschäftigkeit früherer Jahre durch größere Unbeschwertheit und innere Ruhe gekennzeichnet ist. Wie können wir in den verschiedenen Lebensphasen inmitten der Aktivität unseres Lebens Modelle und Gestalten innerer Ruhe finden, die uns in die Sichtweise der Weisheit hineinwachsen lassen?

»Tod als Heimkehr«, Kapitel 7, sieht den Tod als die Rückkehr alles Sichtbaren in den unsichtbaren Bereich Gottes. Er ist die Gnade, die uns heimwärts führen kann – zum Ziel, aber zugleich zum Anfang und zum Herzgrund des Lebens. Wie können wir uns der Gnade des Sterbens öffnen – nicht nur beim letzten Atemzug, sondern in jedem Augenblick des Lebens? Wie können wir, wie Jesus sagt, wählen zu sterben, um in größerer Fülle zu leben? Wie wir loslassen können – jeden Tag, alles, was uns liebgeworden ist –, steht in Beziehung dazu, wie

* Philip Newell ordnet der mittleren Lebensphase das Stichwort »commitment« zu. »Commitment« ist im Deutschen schwer durch einen einzigen Begriff wiederzugeben: Verpflichtung, Engagement, Bekenntnis, Hingabe. Das deutsche »Verpflichtung« allein hat immer noch den Beiklang von »Pflicht und Gehorsam«. »Einsatz«, »Engagement« dagegen wäre zu schwach. Die deutsche Fassung wählt »Hingabe« als Entsprechung beziehungsweise umschreibt an einigen Stellen.

wir einmal unser Leben loslassen können. Im Sterben wird uns die Gnade angeboten, zurückzukehren oder hineinzufallen in das, was am tiefsten in uns ist – Gottes Ort.

Die Grundlage dieses Buches ist der keltische Glaube, dass die Gnade kein Gegensatz zur Natur ist. Vielmehr ist die Gnade eine Gabe Gottes, um das Gutsein zu befreien, das im Herzgrund des Lebens eingepflanzt ist. Die Gnade steht im Widerstreit mit dem, was in uns falsch ist, aber nicht mit dem, was zutiefst natürlich ist. Die verschiedenen Kapitel versuchen, dieses Verständnis der Beziehung zwischen Gnade und Natur auf die verschiedenen Phasen oder Stufen des Lebens anzuwenden. Gnade ist demnach nicht dazu da, das zu bekämpfen, was wir ganz wesentlich als Kinder, als Jugendliche und so weiter sind, sondern, um die Unschuld, die Leidenschaft, die Weisheit zu befreien, die eingewurzelt sind im Kern unseres Lebens, geschaffen nach dem Bild Gottes.

Während dieses Buch inhaltlich seinen Ausgang bei der keltischen Überlieferung nimmt, bezieht es sich für seine Methodik der Meditation auf eine andere große Tradition: die benediktinische. Benedikt von Nursia entwickelte im sechsten Jahrhundert eine einfache Methode des Gebets in Beziehung zur Heiligen Schrift. Sie ist unter dem Namen *lectio divina* bekannt, eine Lesung und Betrachtung der Heiligen Schrift. Benedikts Methode ist weitgehend von dem Mönch Johannes Cassian (fünftes Jahrhundert) beeinflusst worden, der interessanterweise große Sympathie für die keltischen Lehren des Pelagius in dessen Kontroverse mit Augustinus gezeigt hatte.

Der gemeinsame Boden zwischen der keltischen Überlieferung und Cassians Lehren ist der Glaube, dass Gott tief aus allem Menschlichen und nicht gegen das Menschliche spricht. Nicht Verdächtigung, sondern Vertrauen wird hier der Übung entgegengebracht, in uns selbst hineinzuhören, um die Wahrheit Gottes zu hören: Tiefer als irgendwelche Verwirrung oder Finsternis in uns ist das Licht, das jeden Menschen erleuchtet.

Cassian lernte von den ersten Mönchen in Ägypten und gab es weiter an das Mönchtum des Westens, was eine »Methode zur Sammlung unserer Herzen«[8] genannt wurde. In ihr äußert sich der Glaube, dass wir – wenn unsere Gedanken und Gefühle zur Ruhe kommen können und frei von Zerstreuung sind – Botschaften des *Wortes* hören, das im Anfang war und durch das alles geschaffen wurde. Dies entspricht der keltischen Tradition, die auf der Mystik des Johannesevangeliums beruht, nach der unser Leben und das der ganzen Schöpfung wesentlich Äußerungen oder Ausdrucksweisen Gottes sind. Wenn wir das Wort Gottes hören wollen, müssen wir nicht vom Leben absehen, sondern vielmehr in dessen inneren Grund hineinsehen. Das bedeutet in der Praxis die Erwartung, dass Gott nicht aus irgendeinem religiösen Sonderbereich spricht, sondern aus dem Inneren und der Tiefe unseres Lebens und allen Lebens. Cassians Lehre, dass wir inmitten jeder Aktivität meditieren können[9], ist der keltischen Übung des Gebets in den gewöhnlichsten Alltagssituationen verblüffend ähnlich.

Die Praxis der *lectio divina* hat drei Teile: *lectio*, das heißt Lesen, *meditatio*, das heißt Betrachtung oder Meditation, und *oratio*, das heißt Gebet. In den ersten Jahrhunderten nach Christus bedeutete *lectio* für gewöhnlich nicht ein wörtliches Lesen der Heiligen Schrift: Handschriften der biblischen Texte waren selten, und die Fähigkeit, sie zu lesen, war nicht weit verbreitet. *Lectio* bedeutete darum in der Praxis ein aus der Erinnerung wiederholtes Hören und Zitieren von Abschnitten der Heiligen Schrift. Einer der Gründe, die diese einfache Methode für Cassian anziehend machten, war ihre Zugänglichkeit sowohl für die, die lesen, als auch für jene, die es nicht konnten. »Mangel an Kultur«, sagt er, »ist kein Hindernis für die Reinheit des Herzens und der Seele, die für jeden erreichbar ist.«[10]

Die Übung sah so aus: Worte aus der Heiligen Schrift wurden in Erinnerung gerufen und vor allem gehört als Worte, die in uns selbst gesprochen werden – bis zu dem Punkt, an dem der biblische Text unser eigener wird. Derjenige, der Abschnitte aus der Heiligen Schrift rezitiert, schreibt Cassian, äußere sie nicht, »als ob sie von dem Propheten verfasst worden wären, sondern als ob er selbst sie geschrieben hätte«.[11] Seine eigene tiefste Wirklichkeit kommt in ihnen zum Ausdruck.

Diese Methode der Meditation habe ich im Anhang dieses Buches näher ausgeführt. Nach ihr kann in den Übungen meditiert werden, die ich an das Ende jedes Kapitels gestellt habe. Wenn wir über die verschiedenen Phasen oder Stufen des Lebens nachdenken, können wir Schriftstellen in Erinnerung rufen und der tiefsten Wahrheit unseres eigenen Lebens von ihnen eine Stimme geben lassen. Cassian berichtet von seinem Gespräch mit einem Mönch namens Isaak:

> Unsere Erfahrung hilft uns nicht nur dabei, die Schriften zu verstehen, sondern erlaubt uns tatsächlich auch, vorauszuahnen, was sie mitteilen. Die Bedeutung der Worte geht uns nicht so sehr auf dem Weg der Kommentare auf, sondern durch das, was wir selbst durchlebt haben ... Wir sehen sehr klar, wie in einem Spiegel, was zu uns gesagt ist, und wir haben ein tieferes Verständnis davon. Eingewiesen durch unsere eigenen Erfahrungen, lernen wir nicht eigentlich durch Hörensagen, sondern haben ein Empfinden für diese Stimmungen wie für Dinge, die wir selbst schon einmal gesehen haben. Sie sind dann nicht mehr wie Dinge, die unserer Erinnerungsfähigkeit anvertraut wären; vielmehr gebären wir sie in den Tiefen unseres Herzens, als ob sie Gefühle wären, die dort ihren natürlichen Ort haben und Teil unseres Wesens sind. Wir stoßen zu ihrer Bedeutung vor, nicht durch etwas, das wir uns angelesen haben, sondern aufgrund dessen, was wir vorher erfahren haben.[12]

Der zweite Teil der *lectio divina* gemäß der Überlieferung ist die *Betrachtung* oder *Meditation*. Nachdem ein Abschnitt aus der Heiligen Schrift in Erinnerung gerufen oder rezitiert wurde, besteht die Übung darin, einem einzigen Wort oder einem Satz aus diesem Abschnitt zu erlauben, die Aufmerksamkeit unseres Herzens zu gewinnen. In den Übungen in diesem Buch wird ein Wort oder Satz vorgeschlagen, die einen Aspekt der Phase oder Stufe des Lebens zum Ausdruck bringen, über die jeweils nachgedacht worden ist. Die Wiederholung eines Satzes soll dazu dienen, die Aufmerksamkeit unseres Geistes auf einen Punkt zu konzentrieren. Es ist, wie wir alle wissen, eine Sache, dass wir eine Zeit und einen Ort der Stille zur Betrachtung finden, und eine ganz andere Sache, dass wir in uns zu einer geistigen Ruhe finden, um während des Schweigens aufmerksam hören zu können. Jemand hat unseren Geist einmal mit einem Baum verglichen, auf dem tausend Affen fortwährend von Ast zu Ast schwingen. Unser Geist kann uns in alle Richtungen hin und her führen, vorwärts, rückwärts, seitwärts und im Salto zurück, ohne ersichtlichen Grund. Wenn man sich eine Zeit für sich genommen hat, um still zu sein und Gott zu erkennen, wie es im Psalm heißt[13], kann man von einem geschäftigen und zerstreuten Geist fruchtlos in die Irre geführt werden. Cassian zitiert seinen Freund Germanus:

> Und so ist der Geist immer in Bewegung; und zur Zeit der Sammlung wird er wie ein Betrunkener in jede Richtung gezogen und vollführt so keine Aufgabe gut. Wenn er ein Gebet laut spricht, denkt er an einen Psalm oder sonst etwas. Wenn er singt, ist er von etwas anderem als dem Psalmtext eingenommen. Wenn er damit beschäftigt ist, laut zu lesen, erinnert er sich an etwas, was er gern tun würde oder getan hätte. Auf diese Weise kommt es nicht dazu, dass der Geist sich einem Thema zuwendet oder davon abwendet in einer geordneten und angemessenen Weise. Er scheint ein Op-

fer der Gelegenheit zu sein. Er hat nicht die Kraft, darauf zu warten oder bei dem zu verweilen, was ihn zufriedenstellt.[14]

Cassian lehrt eine einfache Wiederholung von Abschnitten aus der Heiligen Schrift, immer wieder schweigend im Innern wiederholt, als Weg, wie wir aufmerksam für Gott sein können auf einer tieferen Ebene als der des Überlegens und Erörterns. Später hat der anonyme Autor der großartigen mystischen Schrift im England des vierzehnten Jahrhunderts, *Die Wolke des Nichtwissens*, betont, Meditation sei nicht dafür da, dass wir unseren Geist mit heiligen Gedanken über Gott anfüllen. Sogar gute Gedanken werden uns an der Oberfläche festhalten und neigen dazu, zur Zerstreuung durch andere Gedanken zu führen. Vielmehr geht es bei der Meditation darum, erfüllt zu werden mit einem Sinn für die Gegenwart Gottes und seiner Liebe. Mit »nackter Absicht« – entkleidet sogar der Gedanken – sollen wir in der Meditation Gott suchen, heißt es in der *Wolke des Nichtwissens*.[15] Hier geht es nicht um eine antiintellektuelle Praxis, sondern darum, dass Gott unerkennbar ist, jenseits des Denkens. Gott ist tiefer selbst als Bilder. Obwohl wir Gott nicht »erkennen« können, können wir Gott erfahren und erneuert werden in der Erfahrung unseres Geistes.

Immer wieder hat Cassians Lehrer Isaak in der Meditation den Satz verwendet: »Gott, komm herbei, um mich zu retten. Herr, eil mir zur Hilfe.«[16] In den Meditationsübungen dieses Buches wird für jedes Kapitel ein anderer Satz benutzt. Dies auch deswegen, weil – wie Cassian sagt – »die heiligen Worte Erinnerungen in uns aufrühren«.[17] Die Wiederholung dieser Schriftworte soll Erinnerungen an unsere Erfahrungen von Gottes Gnadengaben in den verschiedenen Phasen oder Stufen unseres Lebens wachrufen.

Der dritte Teil der *lectio divina* ist die *oratio*, das Gebet, das aus dem Herzen heraus geäußert oder ausgesprochen wird. *Oratio* ist ein Ausdruck für das Verlangen unseres Herzens – für uns selbst und für andere. Es gibt kein Verlangen, das zu groß oder zu klein wäre, um im Gebet nicht ausgedrückt zu werden. Ein Merkmal der Überlieferung der *lectio divina* ist der Glaube, dass unsere tiefsten Verlangen gut sind. Wir wissen natürlich, dass es in uns auch andere Verlangen gibt, die zerstörerisch und verworren sind. Aber wissen wir auch, dass tiefer als solche falschen Begierden in uns das Gutsein des Verlangens ist, das Gott im Herzgrund unseres Lebens gepflanzt hat: Wünsche nach Liebe und Wohlsein, schöpferischer Kraft und Neuanfängen? Die Übungen am Ende jedes Kapitels wollen uns dazu führen, dass wir dem Verlangen unseres Herzens Ausdruck geben.

Alle großen Überlieferungen des christlichen Erbes der Kontemplation und des Gebets treiben uns in unserem Geist nach außen: hinein in den Einsatz und die Leidenschaft für das Leben der Welt. Die Überlieferung der *lectio divina* ist da keine Ausnahme. Sie ist nicht dazu da, um uns in einer Art selbstgenügsamem Vakuum inneren Friedens und innerer Achtsamkeit zu belassen. In der Meditation hören wir auf das *Wort*, das sich in der Tiefe unseres eigenen Lebens äußert, in der Überzeugung, dass sich das *Wort* ebenso im Herzgrund alles Lebens ausdrückt. Im Gebet entfernen wir uns nicht von der Welt, sondern bewegen uns tiefer in den gemeinsamen Grund hinein, der das Leben trägt.

Mit diesem Buch verbinde ich eine Hoffnung: Indem wir achtsamer für die Gnadengaben Gottes werden, die im Boden unseres eigenen Lebens verborgen liegen, mögen wir dahin geführt werden, dass wir leidenschaftlicher danach streben, sie wiederzuentdecken und wiederzuerlangen im Ganzen des Lebens.

1 Geburt und Heiligkeit

»Das Kind, das du gebären wirst, wird heilig sein.«

Lukasevangelium 1,35

Welche Mutter, welcher Vater, die ein Neugeborenes in ihren Armen halten, fühlt nicht in gewisser Weise, dass das Leben ihres Kindes heilig ist?

Und wer von uns fühlt nicht oft nach einem schöpferischen Tun, auch bei den kleinen Verrichtungen des Alltags, in unserer Küche oder im Garten oder an unserem Arbeitsplatz, dass das Schöpferische in uns ein Geschenk ist, etwas, das aus Tiefen geboren wurde jenseits unseres Verstehens?

Die Verheißungsworte aus dem Lukasevangelium, die der Erzengel Gabriel zur Jungfrau Maria spricht, sind mit Andacht gehört worden als die Worte, die die bevorstehende Geburt Jesu ankündigten. Sie haben aber auch etwas von der Hoffnung zum Ausdruck gebracht, die in jedem Menschen ruht. Denn die Kirche hat über die Jahrhunderte immer wieder zu sagen versucht, dass das, was wahr ist in Bezug auf Jesus, wahr ist für jeden von uns. Die Bezeichnung »Menschensohn«, die Jesus als eine Selbstbeschreibung benutzte, noch bevor die Kirche ihn als »Menschensohn« proklamierte, zeigt uns ein Verständnis Jesu als des *Einen*, dessen Leben davon spricht, was wahr ist für alle Menschen. Bei der Geburt jedes Kindes und in der Geburtsstunde jedes guten schöpferischen Tuns in unserem Leben können die Worte gesprochen werden: »Das ist heilig, denn sein Leben kommt von Gott.«

Geburt oder schöpferisches Tun sind in diesem Sinne zu ehren, weil sie ursprünglich unmessbar tiefer sind als wir selbst, gleichwohl sie aus unserem Inneren entspringen.

Was bedeutet das für uns und für die Art und Weise, wie wir uns selbst sehen und mit uns umgehen? Was bedeutet es für die Beziehung zu den Kindern, die uns geboren werden? Was bedeutet das für unser Elternsein, wenn unsere Kinder in Wahrheit Söhne und Töchter Gottes sind? Was bedeutet das für unsere Beziehungen mit allen Menschen und mit der ganzen Schöpfung, welche im Herzgrund heilig ist?

Natürlich ist vieles in uns, das nicht heilig ist; aber das Evangelium verspricht uns, dass wir bei unserer Geburt tief in uns selbst die Heiligkeit von Gottes Bild tragen.

Der Evangelist Johannes sagt im Prolog zu seinem Evangelium: Dies ist »das wahre Licht, das jeden erleuchtet, der in die Welt kommt«.[1] Dies ist das *Licht* in allem Licht, das *Leben* im Herzgrund von allem, das Leben hat. Die frühe britische Kirche hat das sehr klar gesehen. Pelagius und seine Nachfolger in der keltischen Tradition haben immer wieder gesagt: Wenn wir in das Gesicht eines neugeborenen Kindes schauen, sehen wir das Bild Gottes. Gottes Leben wird von neuem geboren unter uns in der Geburt eines Kindes. Ähnlich konnte der irische Theologe des neunten Jahrhunderts Johannes Scotus Eriugena sagen: Nähme man alles Gutsein aus der Schöpfung, würde es nichts mehr und keine Menschen geben, denn der Kern allen Lebens ist Gottes Gutsein. Es ist *Gottes Leben*, das alles Leben erhält, und *Gottes Seele*, die jede lebendige Seele bewohnt.

Der Hebräerbrief bringt eine Sicht zum Ausdruck, in der alles Sichtbare aus dem Unsichtbaren stammt und darin seinen Ursprung hat.[2] Das weist auf einen *Seinsgrund* hin, der geistlicher Natur ist und aus dem die Materie ihren Anfang nahm. Dieses Denken ist völlig entgegengesetzt zu jenem Denken, das im Allgemeinen in der westlichen Welt für wahr gehalten wird: Wird das Leben nicht einfach aus dem Physischen geboren? Erzeugt nicht eine Form der Materie eine andere Form im großen Strom der Evolution?

Augustinus von Hippo, einer der größten christlichen Lehrer der ersten Jahrhunderte, spricht von der Notwendigkeit, die Gesundheit des Herzensauges wiederherzustellen, mit dem allein Gott gesehen werden kann. Dies ist eine Sichtweise, die tiefer reicht als das Physische.

Es gibt natürlich verschiedene Sichtweisen, und wie wir alle wissen, sind einige der Wirklichkeit gegenüber treuer als andere. Zum

Beispiel in der Geschichte von der Frau, die dachte, sie erkenne einen Mann aus ihrer Vergangenheit wieder. »Du warst so groß, und nun bist du ziemlich klein«, sagte sie, »und du warst schwarzhaarig und nun blond.« »Sie müssen mich mit jemandem verwechseln«, antwortete der Mann, »ich heiße MacIntosh!« Worauf die Frau erwiderte: »Dann hast du sogar deinen Namen geändert!«

Wir sehen manchmal lieber das, was wir sehen wollen, als das, was wirklich da ist. Unser materialistisches Zeitalter neigt dahin, nur das Physische zu sehen, und leugnet in seiner Sicht auf das Leben das, was wir alle zu bestimmten Graden als wahr anerkennen, alles, was das Physische überschreitet. Sein ganzes Vertrauen auf das Äußere zu setzen bedeutet dabei, auf unsicherem Fundament aufzubauen. Das soll wiederum nicht dazu verleiten, das Physische zu verachten; denn die Welt der Schöpfung – einschließlich des menschlichen Körpers – hat eine geradezu sakramentale Qualität. Inmitten des Geschaffenen kann das Licht des *Ungeschaffenen* geahnt werden. Pelagius sagte: »Enge Schächte göttlichen Lichtes durchstoßen den Schleier, der Himmel und Erde voneinander trennt.«[3] Die Materie des Universums ist durchwirkt von Geist. Die Wurzel der äußeren Herrlichkeit der Schöpfung ist dabei tiefer als seine physische Verfassung. Wir brauchen eine Heilung des inneren Auges, wenn wir auch nur einen Schimmer des *Lebens* wahrnehmen wollen, das inmitten allen Lebens geboren wird. Dann werden wir die Heiligkeit im Herzen jedes Kindes sehen und im Zentrum jeder schöpferischen Kraft.

Eine Wiederherstellung unseres inneren Blicks wird uns dazu befreien, nicht nur von außen, sondern auch von innen zu sehen. Im Innersten des Lebens ist der ewige Mutterschoß, wie Ijob sagt, aus dem die Wasser des Lebens schäumend entquollen sind.[4] Aus dieser Quelle kommt »die Seele allen Lebens und jeden Menschenleibes Geist«.[5] Wir sehen einen jungen Schössling seinen Weg finden – aus der Erde hervorkommend und seine Nahrung aus ihr beziehend. Sehen wir auch mit inneren Augen, dass jede Pflanze, jede Kreatur, jeder Mensch im Grunde aus heiligem Boden stammt? Dies bedeutet, das Leben von innen heraus aus dem dunklen und unbegreifbaren Raum Gottes anzuschauen, wie aus dem Mutterschoß des Lebens auf alles zu schauen, das in das Geschaffensein geboren ist. Wir können dies tun, indem wir über den Anfang alles Seins nachdenken, ob über die Bildung von Lebensformen auf der Erde, die nur Minuten überstehen, oder über die Schöpfung prächtiger Sterne in fernen Galaxien. Der *Mutterschoß* im Innersten des Lebens ist heilig. Alles, das ins Geschaffensein hineingeboren wurde, trägt in sich etwas von Gottes Heiligkeit.

Von der »Dunkelheit« des Ursprungs zu sprechen, aus dem alle Dinge gekommen sind, bedeutet, die unbegreiflichen Tiefen des *Geheimnisses* zu betonen. Es bedeutet jedoch nicht, im Innersten der Schöpfung ein Gefallensein zu behaupten. Dualistisches Denken hat dahin tendiert, das Spirituelle vom Materiellen strikt zu trennen. Das Ergebnis war, dass Geist als »Licht« angesehen wurde und Materie als »Dunkelheit«. Dieses Denken beinhaltete auch die Auffassung, dass die geschaffene Materie mitsamt unseren materiellen Körpern wesentlich gottlos sei. In ähnlicher Weise war die vorgefasste Meinung in einem Großteil westlicher christlicher Theologie, dass der sexuelle Akt, der mit der Zeugung von Leben einhergeht, wesentlich ein physischer und lustbetonter Akt sei. Die Schlussfolgerung war, dass alles, was geboren wird, im Kern mit Sünde behaftet sei und bleibe, bis die Gnade der Taufe ein Gutsein in die Seele einpflanze. Solch ein wiederhergestelltes Gutsein in der Seele wird dann allerdings als etwas angesehen, das dem Körper fremd bleibt.

Besonders der keltische Zweig des westlichen Christentums hat dieser Sicht der Dinge widersprochen. Die frühe britische Kirche war nicht der Ansicht, dass ein neugeborenes Kind im Herzgrund sündig ist. Ihre Überzeugung entsprach vielmehr dem Bericht der Genesis, der das Gutsein alles Geschaffenen betont.[6] Ebenso teilte sie die Sicht des Evangelisten Johannes, der im Prolog zu seinem Evangelium davon schreibt, dass alles, was geschaffen ist, durch das *Wort* geschaffen ist.[7] Wir sind demnach, unsere Körper und alle Kreatur eingeschlossen, wesenhaft Ausdrucksformen Gottes. Wir sind ins Sein gesprochen worden durch das *Wort*, das im Anfang war. Die keltische Kirche drückte dies künstlerisch in ihren wiederkehrenden Mustern ineinander verwobener Linien in der Buch- und Steinmetzkunst aus. Diese Ornamentik war Abbild des untrennbaren Zusammenhangs des Spirituellen mit dem Materiellen, von Himmel und Erde. Die Materie von allem Geborenen ist durchdrungen und belebt vom Geist. Das bedeutet nicht, dass Materie und Geist verwechselt werden. Materie entsteht und vergeht. Sie wird geboren und muss sterben; aber im Grunde ist die Materie ins Sein gekommen als Ausdruck des Geistes.

Der walisische Poet R. S. Thomas schreibt in seinem Werk *A. D.* von einer verkehrten Sichtweise, nach der die Anfänge des Lebens als »dunkle Vergangenheit« gesehen werden.[8] Wenn wir die Brille richtig herum aufsetzen, sagt er, werden wir eine Morgendämmerung sehen, voll von der »klaren Schönheit der Blumen«. Wie Muirs Rede von der Wurzel nach Eden, die uns immer noch mit allem Gutsein des ersten Tages verbindet, schreibt Thomas von der Entdeckung unserer »ursprünglichen Flügel« anstelle des »Schlammes«, von dem wir abzustammen meinen. Der keltische Dichter William Butler Yeats schreibt von dem »heiligen Baum« im Innersten des Lebens, aus dem Schönheit und Gutsein entspringen. Diese Sicht der Dinge wird getrübt, schreibt er, von der »dunklen Brille«, die Dämonen uns vor die Augen halten.[9] Solange wir durch diese Brille stieren, »verwachsen« unsere Augen »zur Lieblosigkeit« und sehen wir nur »ein fatales Bild« in uns selbst. Den heiligen Baum in uns zu sehen bedeutet, dazu befreit zu sein, das Leben in seinem Innersten als gut zu erkennen.

Eine alte Frau erinnerte sich aus ihrer Kindheit an die Erfahrung, ihre tot geborene Schwester auf dem Bett liegen zu sehen. Obwohl sie sehr bewusst den Schmerz der Mutter wahrgenommen hatte, war ihre Erinnerung stärker noch von der stillen Schönheit des Kindes geprägt. Sie sprach davon, dass diese Erfahrung ihren Sinn für die Heiligkeit des neugeborenen Lebens geschärft hatte, ebenso wie ihr Verständnis des Lebens als einer Reise von Gott zu Gott zurück. Dieses eine kleine Leben von kürzester Dauer enthüllte ihr einen Eindruck von dem *Leben*, aus dem alles Leben kommt.

Was also bewirkt die Geburt eines Kindes und sogar die Geburt eines tot geborenen Kindes? Das Neugeborene trägt in sich selbst Spuren des *Einen*, aus dem es gekommen ist. Der englische Dichter William Wordsworth schreibt in seinen *Andeutungen von Unsterblichkeit*:

> Nicht in vollständiger Vergesslichkeit
> Und nicht in äußerster Nacktheit,
> Sondern mit uns ziehend Wolken voller Herrlichkeit
> Kommen wir
> Aus Gott, der unser Zuhause ist.[10]

Die »Wolken voller Herrlichkeit«, die ein Kind in die Welt einziehen lässt, sprechen von Gott als Beginn und Zuhause des Lebens. Die Botschaft, die größtenteils in Tiefen unterhalb der Bewusstseinsschwelle empfangen wird, lautet: Alles Leben ist heilig, auch wenn diese Heiligkeit oft verborgen bleibt.

Natürlich vermittelt uns nicht erst die Geburt unserer Kinder den Sinn dafür, dass sie Geschenke Gottes sind. Das kann auch geschehen, wenn wir das erste Mal von ihrer Empfängnis erfahren und dann ihre Ankunft gespannt erwarten. Die Empfängnis Christi nach dem Lukasevangelium ist mit der Erscheinung von Engeln verbunden, die in der biblischen Überlieferung die Gegenwart des *Heiligen* anzeigen und das Heraufziehen eines großen Ereignisses ankündigen. Anstatt Empfängnis allein im Zusammenhang eines körperlichen Geschehens zu verstehen, ist Empfängnis der Empfang von Gottes Leben mitten unter uns. In der Empfängnis ereignet sich ein tieferes Geheimnis, in dem das Leben aus dem unsichtbaren Bereich Gottes in die sichtbare Welt der Schöpfung strömt. Bei der Saat auf dem Feld, bei der Befruchtung in der Tierwelt und bei der Empfängnis jedes Kindes wird ein Geschenk Gottes empfangen. Entsprechend gilt: Wann immer Güte und Wahrheit oder wann immer Schönheit des Geistes und Liebe in uns oder zwischen uns empfangen werden in unseren Köpfen, Herzen und Beziehungen, ist Gott auf dem Grund unseres Lebens bei der Aussaat von etwas, das heilig ist und wert, geehrt zu werden.

Wenn eine Mutter zum ersten Mal fühlt, dass ihr Kind sich in ihr bewegt, jubelt sie über die Erfahrung, dass sie in sich selbst ein anderes Leben trägt. Und ähnliche Freude mag ein Vater empfinden, wenn er die frühen Bewegungen des Lebens im Schoß seiner Frau hört. Diese Frau und dieser Mann werden ganz tief innen spüren, dass sich in ihrem Leben irgendwie ein göttliches Versprechen erfüllt und dass das Leben ihres Kindes, das von ihnen kommt, zugleich von jenseits ihrer kommt.

Ist es in Anbetracht des Wunders von Empfängnis und Schwangerschaft nicht erschreckend, wenn eine werdende Mutter durch die Moden ihrer kulturellen Umwelt oder die begrenzte Sichtweise ihres Partners entmutigt wird, die Schönheit ihres schwangeren Körpers wahrzunehmen? Gibt es eine Form, die deutlicher von der Fruchtbarkeit des Lebens und dem Geheimnis Gottes spricht, das in und unter uns geboren wird? Anstatt dass eine Frau sich je wegen ihres schwangeren Körpers schämen sollte, müsste sie ihre Schönheit erkennen – wie ein Herbstbaum, der an der Fülle seiner Früchte trägt. Sie könnte eine Ikone für uns sein, ein Zeichen des wundervollen Geheimnisses allen

Lebens. Denn wir alle tragen in uns etwas von dem Anderssein Gottes, der uns näher ist als unser eigener Atem.

Ein Kind auszutragen kann natürlich mit großen Unannehmlichkeiten verbunden sein, wie überhaupt die Wahrhaftigkeit gegenüber dem Leben Gottes in uns oft ein Ringen ist. Indem wir auf das hören, was Gott uns zu Bewusstsein bringt, entstehen für uns manchmal alle Arten von Beschwerde und Unruhe. Dasselbe gilt für den Schmerz des Gebärens oder für den Schmerz, wenn wir das Schöpferische ans Licht bringen, das sich wachsend in uns gerührt hat. Der Urschrei, den eine Frau kurz vor der Geburt ausstößt, trägt in sich etwas von den Geburtswehen der Menschen und der Schöpfung seit Anbeginn der Zeit. Die Art und Weise, in der die Geburt einen Körper in Mitleidenschaft zieht, gilt auch für große schöpferische Prozesse in anderen Lebensbereichen. Wir brauchen beispielsweise nur an die Geburtswehen der Freiheit an Orten wie Südafrika zu denken oder daran, dass die Geburt von Vergebung und Wahrheit unter uns und in unseren Beziehungen manchmal mit furchtbarer Agonie einhergeht. Auch in den stärksten Beziehungen wird Liebe voll nur geboren unter den und durch die Schmerzen des Ringens und des persönlichen Opfers. Entsprechend entstehen wissenschaftliche Neuentdeckungen oder Schöpfungen der Kunst und neue Sichtweisen und Verstehensformen der Kultur gewöhnlich nur durch so etwas wie Schweiß und Tränen harter Arbeit.

Zusammen mit den Geburtsschmerzen kommt natürlich aber auch die reine Freude, wenn man ein Neugeborenes zum ersten Mal in den Armen hält, in sein Gesicht schaut und weiß, dass ein Geschenk Gottes geboren wurde. Haben wir nicht alle etwas von dem Jubel erfahren, der Geburten und schöpferischen Augenblicken folgt? Die Erzählung der Kindheitsgeschichte Jesu im Lukasevangelium mit ihrem Himmel voller Licht und Freudenliedern feiert die Heiligkeit dieses neugeborenen *Kindes* und die Heiligkeit jedes Kindes und allen Schöpferischen, das gut ist. Auf ihrer tiefsten Ebene drückt die Erzählung die Schönheit und das Gutsein aus, die unter Schmerzen in unser Leben entbunden werden können, und die Hoffnung auf das, was erst noch geboren werden soll. Der indische Jesuit Anthony de Mello fragt: »Habe ich je den Gesang gehört, den die Engel sangen, als ich geboren wurde?«[11] Höre auf das Lied, das gesungen wird, wann immer Schöpferisches geboren wird.

Sobald wir diese Sichtweise wiedergewinnen – werden wir dann nicht etwas von der verschwenderischen Fülle des Heiligen ahnen, das in jedem Augenblick in Erde, Wasser und Luft um uns herum geboren wird? Werden wir nicht in unseren Städten die Neugeborenenstationen von neuem als Wiegen der Hoffnung entdecken, in denen Gottes Bild unter uns neu geboren wird – nicht nur in den willkommen geheißenen und gesunden Kindern, sondern auch in den so genannten »unerwünschten« und vernachlässigten? Das Heilige wahrzunehmen in allem, was geboren wird, mag zuweilen unmöglich erscheinen, besonders in denen, die wir nicht mögen, oder in denen, die furchtbare Verbrechen begangen haben, oder in uns selbst, wenn wir unwahrhaftig waren. Für das Evangelium jedoch steht die Überzeugung in der Mitte, dass das Gutsein Gottes im Innersten jedes Lebens da ist und sich danach sehnt, freigesetzt, wiedergeboren zu werden. Das Geheimnis, von dem wir ein Teil sind, sagt Paulus, besteht darin, dass die ganze Schöpfung seufzt und sich müht, zur Fülle dessen zu gelangen, was Gott sehnlichst gebären möchte in unserem Leben und in jedem Leben.[12]

ÜBUNG

Setz dich bequem hin, aber so, dass du wach und konzentriert bist, mit aufrechtem Rücken. Beginne, schweigend den Satz zu wiederholen:

Dein Kind wird heilig sein

Sobald dich etwas ablenkt – und das wird immer wieder einmal geschehen –, kehre einfach zu dem Satz zurück, um die Aufmerksamkeit deines Geistes wieder zu konzentrieren. ~

Lass den Satz sich parallel zu deinem Atem wiederholen. Versuche beispielsweise, die Worte schweigend zu wiederholen, während du ausatmest: »Dein Kind wird heilig sein.« Lass diesen Satz in dich eingesät werden. Erlaube ihm, in deinen Tiefen zur Ruhe zu kommen. Wenn du dann einatmest, sei dir bewusst, dass das, was aus Gottes Tiefen des Lebens in dir geboren wird, heilig ist. ~

Es geht nicht so sehr darum, die Worte zu sprechen, vielmehr sie zu hören als Worte, die in dir klingen. Es sind Worte der Verheißung, die dir zugesprochen sind und der Wahrheit im Innersten allen Lebens. Höre auf sie schweigend fünfzehn Minuten lang. Bedenke, dass die Worte aus den Tiefen dessen gesprochen werden, der du bist – von dorther, wo Gott wohnt. Lass sie Erinnerungen und Bilder ins Bewusstsein holen, nicht, um an dieser Stelle über sie aktiv nachzudenken, sondern einfach, um sie zu empfangen und um ihrer gewahr zu sein. ~

Am Ende der viertelstündigen Meditation gehe von der einfachen Wiederholung von Worten zu einem Ausdruck für das Verlangen deines Herzens über. Formuliere schweigend in deinem Inneren ein Gebet, wonach du am allertiefsten in deinem eigenen Leben und im Leben der Welt verlangst. Beschließe dein Gebet, indem du das Vaterunser sprichst. ~

2 Kindheit und Unschuld

»Menschen wie ihnen gehört das Reich Gottes.«

Lukasevangelium 18,16

Was sind unsere Erinnerungen an die frühe Kindheit? Welche Bilder fallen uns ein, wenn wir an Kinder denken, unsere eigenen oder andere, die wir kannten, und an deren ersten Jahre? Wahrscheinlich erinnern wir eine Mischung aus glücklichen und traurigen Zeiten und sehen vor uns Bilder von lachenden und weinenden, ausgelassenen und schreienden Kindern. Wir werden uns daran erinnern, wie unmittelbar in der frühen Kindheit das Traumerleben war und der Bereich der Fantasie, und wahrscheinlich auch, wie lebendig die Alpträume und Ängste.

Warum zeigt Jesus auf ein kleines Kind und sagt: »Menschen wie ihnen gehört das Reich Gottes«? Was ist da gemeint in unseren und in allen Kindern und was in unserer eigenen Kindheit und in der Kindheit aller Menschen? Gott hat uns mit der Geburt etwas mitgegeben, das aus dem Wesen seines Lebens stammt. Das steht am Beginn dessen, als der zu sein wir geschaffen sind, und es wird am Ziel oder im Zentrum unserer Lebensreise stehen als etwas, das wir gerufen sind wiederzuentdecken.

In der Unschuld eines Kindes sehen wir in aller Klarheit die Schönheit des Bildes, nach dem wir gemacht sind. Denken wir an das schöne Gesicht eines schlafenden Kindes – unmöglich, da nicht hinzusehen – oder an das erwachende Entzücken in Kinderaugen bei einer neuen Entdeckung. In den *Liedern der Unschuld* schreibt der englische Künstler und Dichter William Blake:

> Süßes Kind, dein Antlitz birgt
> Heilig Bildnis eingewirkt.[1]

Was aber geschieht dann mit dieser Unschuld in uns? Oft wird gesagt, dass sie unausweichlich verloren gehen müsse, als ob die Lebenserfahrung sie ganz bestimmt austreibt. Wir sehen sie in den Augen eines Neugeborenen aufleuchten und beobachten dann relativ früh, wie sie bedroht wird, bis eine harte Erfahrung oder ein Vertrauensbruch am Ende zu verdunkeln beginnen, was einst im Kind so strahlend aufleuchtete. Aber ist es angemessen zu sagen, dass die Gnade der Unschuld verloren geht in einem solchen Augenblick? Ist es nicht näher an der Wahrheit zu sagen, dass diese Unschuld überdeckt ist von Schlieren dunkler Erfahrungen und immer von neuem wiederentdeckt werden muss in neuen Formen auf den verschiedenen Stufen unseres Lebens?

Hat Gott uns im Schoß unserer Mutter die Unschuld tief eingepflanzt, nur damit sie einfach zurückbleibt, sobald wir die frühe Kindheit hinter uns lassen?

In einer anderen Gedichtsammlung, den *Liedern der Erfahrung*, erläutert Blake, was dem »heiligen Bildnis« geschieht, das in der kindlichen Unschuld so klar erstrahlt. In *Das kleine verlorengegangene Mädchen* schreibt er:

> Verlorn in Wüstenein
> Ist dein Töchterlein.[2]

Die Zeilen sprechen von den Verwirrungen und Gefahren, in die wir durch Lebenserfahrung geraten: die falschen Wendungen, die wir in uns selbst und in unseren Beziehungen unternehmen, und auch die, die uns von außen aufgenötigt werden. Man kann den Eindruck eines unendlichen Irrgartens haben, eines dunklen Dschungels sozialer und seelischer Erfahrungen, aus dem das unschuldige Kind niemals wieder auftauchen wird. In *Das kleine wiedergefundene Mädchen* beschreibt Blake die Angst, die die Eltern des Kindes verzehrt, die sich ausmalen, dass ihr kleines Mädchen Lyca entweder verhungert oder von wilden Tieren in Stücke gerissen sei. In der Wüste treffen sie jedoch einen Löwen, eine großartige Erscheinung mit einer Krone auf seinem Haupt, der folgende Worte zu ihnen spricht:

»Folgt mir nur geschwind;
Weint nicht um das Kind;
In meines Schlosses Hut
Eure Lyca ruht.«[3]

Es schläft also, es ist nicht tot – das Kind der Unschuld. Scheinbar auf ewig verloren, wartet es in Wahrheit, in einem unantastbaren Schutzraum geborgen, darauf, gefunden zu werden. Verloren, aber am Leben ist natürlich etwas ganz anderes als verloren und tot. Verstehen wir unsere »verlorene« Unschuld im letztgenannten Sinn, dann werden wir als Menschen leben, die von dem abgeschnitten sind, was am tiefsten in sie eingepflanzt wurde.

Wir werden in der Gefahr sein, aus der falschen Vorstellung heraus zu leben, dass das »heilige Bildnis« in uns ausgelöscht worden sei. Wir werden dann nicht glauben, dass es in uns einen wahren Kern vom unschuldigen Anfang unseres Lebens gibt, von dem wir immer noch zehren. Damit einhergehend werden wir dazu neigen, die Art und Weise, wie ein Kind die Wirklichkeit sieht und deutet, gering zu schätzen. Den Bereich von Mythos, Fabel und Fantasie werden wir als bloße Einbildung abtun.

Blakes Sinn für das unschuldige Kind in uns – verloren, aber am Leben – ist ein wichtiger Teil seiner Sicht. Vielleicht noch wichtiger für die Wiederentdeckung des Kindes ist sein Hinweis auf den Einen, der diesen Teil von uns hält und davor beschützt, völlig zerstört zu werden. Gleichgültig, was von außen geschah, durch Vernachlässigung oder Missbrauch: Unser inneres »heiliges Bildnis« ist bewahrt in einer Geborgenheit, die nicht angetastet werden kann, und wartet darauf, wiederentdeckt zu werden. Die unzerstörbare Natur jenes »Palastes« oder Heiligtums verdankt sich nicht unserer eigenen Leistung. Sie ist ein Geschenk.

»Auf seinem Haupt eine Krone« – die Beschreibung des großen Löwen, der das Kind beschützt und den Weg zu seiner Wiederauffindung anführt, ist Blakes Art, dichterisch auf die Gnade der Gegenwart Christi hinzuweisen und darauf, dass wir dahin geführt werden, das heilige Bild in uns zu finden, das verdeckt worden ist. Es geht dabei nicht nur darum, unsere Bedürftigkeit zu erkennen, obwohl wir ohne diese Kenntnis unsere Suche gar nicht erst beginnen können. Es geht vielmehr darum, für die Gnade offen zu sein, von dem Einen geführt zu werden, der unserem Kind den Schutzraum gegeben hat und weiß, wo es gefunden werden kann.

In der Erzählung des Lukasevangeliums bringen Menschen ihre Kinder zu Jesus, die Jünger aber versuchen, Jesu Aufmerksamkeit von dem abzuziehen, was die Eltern für ihre Kinder ersehnen. Im Vergleich zu dem, was den Jüngern wichtig erscheint, zählt die Unschuld eines Kindes und die Segnung dieser Unschuld nicht viel. Vielleicht ist dies für die meisten von uns oft ebenso; und doch gibt es für fast alle von uns zu manchen Zeiten auch eine andere Wahrheit. Wir brauchen in der Stadt nur eine Straße mit einem kleinen Kind im Kinderwagen entlangzugehen, um wahrzunehmen, wie gerne die Menschen in das Gesicht eines Babys schauen. Sogar Männer und Frauen, von denen wir vielleicht dachten, sie wären zu hart geworden oder zu geschäftig, werden uns dann überraschen, wie sie ein Kind anlächeln.

Ich erinnere mich, wie ich einen fast leeren und ziemlich schläfrig wirkenden Platz in einer griechischen Stadt auf Patmos betrat. Wenn ich nicht mit meiner zweijährigen Tochter spazieren gegangen wäre, wäre dies ein schläfriger Platz geblieben mit den ausdruckslosen Gesichtern alter Männer, die im Schatten vor sich hin dösten. Aber als sie ein unschuldiges kleines Gesicht ihnen durch die Mittagssonne zublinzeln sahen, wurden sie lebendig. Einer von ihnen schlurfte davon, um einen Augenblick später wieder aufzutauchen, die Hände voll mit

Früchten und Süßigkeiten. Oder: Wie verstehen wir die nahezu universelle Empörung, die sich in Menschen regt, wenn die Sicherheit und das Vertrauen eines Kindes bedroht oder verletzt werden?

Diese Beobachtungen sprechen von einer Art Resonanz auf die Unschuld der Kindheit. Etwas von dem Kind, das wir waren, ist weiterhin tief in uns. Es kann überdeckt werden von den Fehlern und Schmerzen, deren Zeuge oder Teilhaber wir waren – aber es ist immer noch da. Jesu Worte an die Jünger weisen auf das Reich Gottes, das zu diesem Teil von uns gehört.

Es ist wichtig, sich klarzumachen, dass die Unschuld eines Kindes nicht immer äußerlich schön daherkommt. Dies ist wahr, ob wir nun von einem Kind im wörtlichen Sinn sprechen oder vom Kind in uns. Ich werde das seltsame Gesicht eines kleinen Jungen aus Edinburgh nicht vergessen, schieläugig, ungewaschen und schüchtern. Wie einige andere Kinder aus der Umgebung kam er zum Abendgebet unserer Gemeinschaft – teilweise einfach wegen der Wärme und Stille dieses Ortes.

Eines Abends kam er zu spät. Wir waren mitten bei der Meditation vor der Ikone der Jungfrau von Wladimir. »Unsere Liebe Frau von der Zärtlichkeit« (oder die »Gottesmutter des Erbarmens«), wie sie auch genannt wird, ist dargestellt, wie sie das Christuskind liebevoll-bergend in den Armen hält. Die Ikone war auf dem Sims oberhalb eines offenen Kaminfeuers platziert; und der einzige Platz, der für den Jungen zum Sitzen übrig war, war ein Schemel darunter. Vielleicht konnte er wegen seines Augenschadens nicht erkennen, dass wir auf die Ikone sahen und nicht auf ihn; doch weil er dachte, dass er unser Augenmerk hatte, kam aus diesem schmutzigen, nicht sonderlich hübschen Gesicht ein Lächeln voll der Gnade der Unschuld. Seine Erscheinung wurde eine lebendige Ikone für uns.

Welche Dinge bringen wir in Gedanken für gewöhnlich mit kindlicher Unschuld in Verbindung, nicht nur mit unseren frühen Jahren, sondern mit der Kindheit – sagen wir – alles geschaffenen Lebens? Wenn wir an die Jungen denken, denken wir an die Art, wie sie spielerisch den Augenblick genießen oder sich auf einfachste Weise vergnügen können. Wir werden Bilder von Kindern vor Augen haben, die, auf dem Land, an einem Bach oder Fluss die Zeit verbummeln oder, in der Stadt, das Wasser in den Rinnsteinen für alles mögliche nutzen. Wir werden uns an die sorgenfreie Zeitlosigkeit unserer frühesten Jahre erinnern. Um einen Schmetterling im Garten zu beobachten oder ein Insekt, das langsam über den Küchenfußboden kroch, hatten wir alle Zeit der Welt. Frei von Zeitdruck und Uhren, von Lasten der Verantwortung, erlebt ein Kind Augenblicke völliger Gegenwart, erfüllt von Staunen. Wir bewahren in uns frühe Erinnerungen, wie wir zu einem offenen Himmel hinaufsahen, Wolken und ein unendliches Blau bei Tag, Sterne und die grenzenlose Räume bei Nacht, oder wie wir im Gras lagen, die Feuchtigkeit spürten und das Grün rochen oder wie wir die Blätter im Wind rascheln hörten.

William Wordsworth drückt in den *Andeutungen von Unsterblichkeit* seinen Glauben daran aus, dass, wenn wir nur weit genug zurück in unsere Kindheit schauen, wir alle Zeugnis geben können von einer Sicht auf die Dinge, die jeden Gegenstand der Natur mit einer Art Glanz umkleidet. Er schreibt:

> Einst erschienen mir
> Wiese, Hain und Bach,
> die Erde und jeder gewöhnliche Anblick
> gewandet in himmlisches Licht,
> Herrlichkeit und Frische eines Traums.[4]

Auch wenn diese Sicht der Dinge in uns verborgen ist, gibt es in der Glutasche unserer Kindheit, wie er sagt, »etwas, das am Leben ist«. Es ist nicht völlig vernichtet oder zerstört. Vielleicht haben wir nur »schattenhafte Erinnerungen« an jene Anfänge – und doch sind diese das »Hauptlicht unseres Sehens«. Wenn wir auch nicht zu den unschuldigen Erfahrungen der Kindheit zurückkehren können, können wir doch in uns selbst deren Blick freilegen. Das ist genug, um zu wissen, wie er sagt, dass jeder neue Tag »noch immer herrlich ist«.

Dieser Sinn für das Staunen über das Leben ist eine unserer Grunderfahrungen in den frühesten Stadien unserer Lebensreise. Ich habe meinen Jüngsten beobachtet, wie er im Kinderwagen unter einem großen Feigenbaum im Garten lag. Der Kleine war wach und völlig da, aber verhielt sich ganz still. Er lag da und beobachtete das Sonnenlicht, das durch das Astgewirr schimmerte, und hörte auf den Wind, wie er mit den Blättern raschelte. Nach einer Weile wedelte er mit seinen Armen nach dem hin, was er sah, und brachte einen gurrenden Laut voller Wohlgefallen hervor. Mir wurde klar, als ich die Szene beobachtete, dass dies eine Art universaler Erfahrung war, etwas, das wir alle gekannt haben in den fast gänzlich verblichenen Erinnerungen unserer frühen Kindheit. Wie in Edwin Muirs Erinnerung an eine seiner frühesten Erfahrungen trägt das Bild eine Art Zeitlosigkeit in sich:

> Ich lag in irgendeinem Raum und beobachtete einen schräg hereinfallenden Lichtstrahl, in dessen Helligkeit staubige, glänzende Teilchen langsam tanzten und sich drehten, während irgendwo anders ein leises Gemurmel weiterging, möglicherweise das Summen von Fliegen. Meine Mutter war im Raum, aber wo, kann ich nicht sagen. Ich war ihrer bewusst als einer vagen, heimeligen Gegenwart. Dieses Bild ist klar und doch unbestimmt, verknüpft mit irgendeinem Sommertag in der Bu [Das ist der Name des Bauernhofs von Muirs Familie] und zugleich mit so vielen anderen Tagen, dass diese Erin-

> nerung in die Zeit zurückreichen dürfte, als ich zum ersten Mal einen Lichtstrahl sah und in meiner Wiege lag. Das stille Gemurmel, der langsame, nicht endende Tanz der Staubteilchen, das Gefühl tiefen und sicheren Friedens sind seitdem nur in Träumen zu mir zurückgekommen. Diese Erinnerung ist anders als jede andere Erinnerung in meinem Leben. Es war, während ich dalag und jenen Lichtstrahl beobachtete, als ob die Zeit noch gar nicht angefangen hätte.[5]

Die Gnade des Staunens ist tief in uns eingepflanzt. Wie gewinnen wir sie zurück und lernen wieder, in das Licht jenes Geheimnisses zu schauen, das durch die Schöpfung und unser Leben schimmert?

Über die Unschuld unserer Kindheit nachzudenken, bedeutet nicht, die Kindheit zu romantisieren. Kindheit ist zugleich die Lebensphase, in der wir am meisten auf unsere eigenen Bedürfnisse fixiert sind. Ein Kind, dessen Grundbedürfnisse nicht befriedigt werden, beispielsweise ein hungriges oder müdes Baby, beschwert sich und schreit, wie umgekehrt ein Kind, dessen Bedürfnisse befriedigt werden, das sicher, gut umsorgt ist oder an der Brust liegt, Zufriedenheit ausdrückt. Ein kleines Kind lässt keinen Zweifel aufkommen, wie es sich fühlt: Es bringt es körperlich zum Ausdruck, zu Gehör, ohne Hemmungen. »Unschuld« bedeutet, dass es keine Verstellung gibt. Nichts ist verborgen; alles liegt offen zutage. In der Wiederentdeckung des inneren Kindes bedeutet das eine Offenheit des Herzens in uns: dass wir die Bedürfnisse und Ängste in uns wahrnehmen und ebenso unsere Freuden und unsere Fröhlichkeit ausdrücken.

Die Offenheit eines Kindes kann ebenfalls eine Bereitschaft zum Vertrauen, zur Vergebung und zur Annahme anderer bedeuten, in einer Weise, die nicht getrübt wurde durch angelernte Vorurteile hinsichtlich Rasse, Hautfarbe oder Nationalität. Diese tiefsten Charakterzüge spiegeln das Bild Gottes in uns wider, das vielleicht später zugedeckt wurde von Schichten an Falschem und Zerstörerischem. Die ungeschützte Offenheit eines Kindes bedeutet natürlich aber auch, verletzlich zu sein gegenüber jenem Missbrauch, der Unschuld entheiligt. Die Häufigkeit derartigen Missbrauchs in unserer Gesellschaft muss uns fragen lassen, wie tief verschüttet der Sinn für die heilige Arglosigkeit und Unschuld ist, die im Innersten jedes Kindes und im Innersten eines jeden von uns ist. Je mehr wir vom wahren Zentrum abgeschnitten leben, desto zerstörerischer wird unser Verhalten gegenüber uns selbst und gegenüber anderen werden – als Einzelne und als Gesellschaft.

Wie ein Kind zu werden bedeutet natürlich nicht, in die Kindheit zurückzukehren und sich kindisch zu benehmen. Es bedeutet vielmehr, auf unserer Lebensreise voranzuschreiten, indem wir tiefer in den Menschen hineinwachsen, als der wir geschaffen sind. Es bedeutet, aus der Mitte dessen heraus zu wachsen, wer wir in Wirklichkeit sind, anstatt unser Leben aus falschen Abmessungen und Beschädigungen heraus zu führen. Unsere Unschuld wiederzuentdecken ist nicht ein Versuch, das Verhalten unserer Kindheit zu kopieren. Es bedeutet aber, die Gnade der Unschuld in Anspruch zu nehmen, die wir in der Kindheit erhielten, und sie mit den Gnadengaben zu verbinden, die uns in späteren Lebensphasen zugekommen sind. Wenn wir einen weisen alten Mann sehen, wie er mit seinem Enkel Verstecken spielt oder über den größten Blödsinn lacht, dann wissen wir, dass das Kind, das immer in ihm gewesen ist, noch einmal befreit worden ist. Vielleicht war es ja auch, teilweise, das Enkelkind, das ihn diese Freiheit wiederentdecken ließ. Die Art, in der ein Kind gerne Geschichten aus unserer Kindheit hört, kann die Gnade sein, die uns dafür öffnet, wer wir im Innersten sind. Welche Seiten der Unschuld sind in uns niedergedrückt worden, die Einfachheit, das Staunen, die Offenheit, und müssen wieder freigesetzt werden?

Vielleicht wäre es eine gute Idee, wenn wir unser Leben lang eine

Fotografie von uns als Kleinkind bei uns hätten. Ab und zu in das Gesicht dieses Kindes zu schauen und zu wissen, es steht in der Mitte dessen, wer wir sind, auch wenn jetzt vieles mehr ebenso dazugehört, bedeutet: an eine Schönheit erinnert zu werden, die es wiederzuentdecken gilt. Und entsprechend bedeutet ein Blick in die Gesichter unserer neugeborenen Kinder, daran erinnert zu werden, dass deren Unschuld teilweise durch uns zur Welt gekommen ist und aus jener Tiefe in uns stammt, die die Gleichgestalt von Gottes Bild trägt.

Edwin Muir spricht in seinem Gedicht *Der Ursprungsort* vom Land unserer Heimat als einem guten, freien und schönen Erbe. Obwohl es von außen bedroht worden ist und sich verändert hat bis zum scheinbaren Verlust seiner Freiheit, schreibt Muir:

> Aber in seiner Mitte steht
> Eine niemals eingenommene Festung.[6]

Immer wieder berannt von Angriff zu Angriff, dürfen wir doch wissen, dass das Herz dessen, als der zu sein wir geschaffen sind, bei Gott in Sicherheit ist. Wir dürfen wissen, dass unsere tiefste Wurzel immer noch aus jenem Ort her wächst. Das bedeutet nicht, so zu tun, als ob die unvermischte Reinheit der Unschuld der Mischung vorzuziehen wäre, zu der wir durch die Erfahrung des Lebens geworden sind. Es bedeutet vielmehr, die Wurzel, die uns mit dem Paradies in uns verbindet, Frucht bringen zu lassen, die in der Kindheit niemals hätte reifen können. Wie Muir in *Ein Fuß im Paradies* schreibt:

> Segen, unbekannt im Paradies,
> Fällt von diesem bewölkten Himmel.[7]

Die Gnade führt uns nicht zurück, sondern vorwärts, zur Erlösung dessen, was unsere tiefste Wahrheit ist.

ÜBUNG

Setz dich bequem, aber wach und konzentriert hin. Beginne, schweigend den Satz zu wiederholen:

MENSCHEN WIE IHNEN
GEHÖRT DAS REICH GOTTES

Finde für die Wiederholung der Worte einen Rhythmus, der zu dem deines Atmens passt. Versuche, schweigend den Satz zu sagen, während du einatmest. Atme langsam und tief. Erlaube es den Worten, dich zu erfüllen, bevor du wieder ausatmest. ~

Sei dir bewusst, dass die Worte tief aus deinem Innern gesprochen werden. Höre auf sie als auf einen Ausdruck des Wortes, das im Anfang war und durch das alles geschaffen ist. Lass sie dir die Unschuld erinnern, die in die Kernmitte deines Lebens eingepflanzt wurde. »Menschen wie ihnen gehört das Reich Gottes.« Horche schweigend, fünfzehn Minuten lang, und lass die Wahrheit dieser Worte den Teil von dir freilegen, der »zum Reich Gottes gehört«. ~

Im meditativen Schweigen geht es nicht um das Nachdenken über die Worte, sondern vielmehr darum, dass du dich ihnen öffnest und ihnen erlaubst, in Gottes eigener Zeit und Weise Frucht zu bringen in deinem Denken und Leben. Wenn abschweifende Gedanken sich einstellen, gehe einfach zur Wiederholung des Satzes zurück. Dies ist ein Weg, der tiefer führt, als Gedanken das können: zu Erinnerungen und Bildern, ja bis hin zu einer völligen Stille des Geistes. ~

Nach den fünfzehn Minuten Meditation drücke das Verlangen deines Herzens in einem Gebet aus. Was ist es, wonach du am allertiefsten verlangst in deinem Leben und für die Welt? Drücke diese Sehnsucht im Gebet aus, bevor du mit dem Vaterunser abschließt. ~

3 Jugend und Erwachen

»Warum sucht ihr mich?«

Lukasevangelium 2,49

Woran denken wir, wenn wir uns an unsere Jugendzeit erinnern? Was kennzeichnet das Leben junger Leute am besten? Es ist vielleicht mehr als alles andere eine Phase oder Stufe des Lebens, die durch eine Vielzahl von neu erwachenden Seiten geprägt ist. Da erwachen in uns neue Gedanken und Blickwinkel auf das Leben. Wir bilden uns deutlicher eine eigene Meinung und beginnen, über die Welt um uns herum bewusst nachzudenken. Den Gebieten und Wegen, wo wir als Kinder spielten, ohne uns unserer selbst besonders bewusst zu sein, nähern wir uns jetzt mit einem neuen Sinn für unser Selbst, manchmal gesteigert bis zu einem quälenden Selbst-Befangensein. Wir erwachen zu neuen Gefühlen und den Regungen bislang unbekannter Emotionen. Und im Zusammenhang damit stehen die Geburt unserer sexuellen Bewusstheit, die Energien der Anziehung und neue Verlangen nach körperlicher und emotionaler Nähe. Wenn wir uns dieser Gedanken und Antriebe bewusster werden, die von innen her anschwellen, erwachen auch neue Hoffnungen und Erwartungen, was wir sein oder tun werden.

Diese Erfahrungen des Erwachens zu neuen Seiten des Lebens lassen, schon allein aufgrund ihrer Vielzahl und Intensität, Verwirrung und innere Turbulenzen entstehen. Trotzdem gehen sie für gewöhnlich einher mit der starken Sehnsucht nach größerer Unabhängigkeit. Die meisten von uns erinnern sich an die Aufregung, die wir empfunden haben – auch wenn sie mit Angst durchsetzt gewesen sein mag –, als wir zum ersten Mal allein verreist sind oder als wir uns an eine neue Aufgabe gewagt haben oder eine neue Stufe der Ausbildung angetreten sind – unabhängig von der Familie. Wir erinnern uns später daran, wie es war, als wir das erste Mal mit einem Boot auf die offene See hinausfahren oder das erste Mal alleine einen Tagesausflug in die Wälder oder Berge unternehmen durften. Und ebenso erinnern wir uns an Momente, in denen uns eine größere Unabhängigkeit, für die wir uns selbst bereit fühlten, nicht zugestanden wurde, und an die

Enttäuschung daraufhin und vielleicht auch daran, was wir infolge dieser Entscheidung heimlich getan haben.

Jesu Worte an seine Eltern »Warum sucht ihr mich?« sprechen die Sprache eines Jugendlichen, der sich nach Unabhängigkeit sehnt. Nach dem Bericht des Lukasevangeliums hatte sich der zwölfjährige Junge ohne Erlaubnis seiner Eltern entschieden, in Jerusalem zurückzubleiben, um den Lehrern im Tempel zuzuhören. Drei Tage lang suchten ihn seine Eltern voller Sorge. Als sie ihn endlich finden, drückt Maria ihre Verletzung in den Worten aus: »Warum hast du uns das angetan?« Die Handlungsweise Jesu ist jedoch in den Anfängen eines inneren Erwachens dessen, wer er ist, begründet. Damit geht ein Verlangen einher, zu lernen und zu handeln in einer Weise, die sich zunehmend unterscheiden wird von der seiner Eltern und von ihrem Verständnis seiner Person. Die biblische Episode weist unter anderem auf die Gnade des Erwachens hin, in dem das, was bisher im Unbewussten verborgen blieb, nun ins Bewusstsein gehoben wird.

Der Bericht im Lukasevangelium deckt etwas von dem Erwachen auf, das in jedem von uns während der Jugendzeit in Erscheinung tritt. In dieser Phase oder Stufe des Lebens wird uns eine wertvolle Gabe der Reflexion und eine Aufmerksamkeit für Dimensionen unseres Selbst geschenkt, die uns vorher nicht bewusst waren. Dies bedeutet natürlich nicht, dass uns diese Gnade nur in der Jugend zuteil wird. Es meint ebenfalls nicht, dass diese neu erwachten Fähigkeiten gleichbedeutend sind mit einer vollständigen Gabe der Selbsterkenntnis. Weit gefehlt! Es ist eher so, dass Aspekte des Selbst-Erwachens während dieser Jahre am natürlichsten und kraftvollsten hervorgebracht werden. Dass das verbunden sein kann auch mit Naivität oder Verwirrungen und Widersprüchen, schmälert nicht die Tatsache, dass eine Gnade des Erwachens sich in uns machtvoll zu rühren beginnt während der Jugendzeit.

Was geschieht dann später mit diesem wachen Zustand in uns? Erlauben wir ihm, dass er lebendig und aktiv bleibt und weiterhin ein Gespür für unser Selbst in uns freisetzt, sodass wir mehr und mehr die noch unentdeckten Tiefen dessen erkunden, wer wir sind? Oder entscheiden wir uns dafür, die Gnade des Erwachens stillzulegen, weil wir seichtere Fundamente zum Aufbau dessen vorziehen, was wir als Wahrheit über uns selbst erkennen?

In Bezug auf die spirituelle Dimension neigt die westliche Welt mit ihrer betont materialistischen Sichtweise dazu, sich vor den Tiefen des Geheimnisses zu verschließen. Wie Geburt vorherrschend in engen biologischen Begriffen gesehen wird, so wird das Leben insgesamt im Hinblick auf körperliche Erscheinung und materiellen Besitz gemessen.

Die Perspektive, die in den biblischen Schriften dazu immer wieder quer steht, ist die von den »großen, unfassbaren Dingen, die du nicht kennst«, wie der Prophet Jeremia sagt, die darauf warten, uns offenbart zu werden.[1] Sobald wir lernen, unsere inneren Tiefen zu studieren, sozusagen mit einem Teleskop in die unbegrenzten Räume unserer Seele zu schauen, werden wir sehen, dass, was einst nebelhafte Anballungen ohne Ordnung zu sein schienen, stattdessen Konstellationen »verborgener Welten inmitten von Welten« sind, wie der britische Dichter und Philosoph Samuel Taylor Coleridge sagt.[2] Der Weltraum und die Unendlichkeit der großen Ausdehnung des Kosmos sind wie Symbole der ewigen und sich ausdehnenden inneren Welt unseres Geistes. Welches sind die Einsichten, die es zu lernen gilt, wenn wir zur inneren Welt erweckt werden?

Der irische Romancier James Joyce skizzierte einen seiner Charaktere als jemanden, der zu sich selbst auf Distanz lebt. Wenn wir nicht wach und bewusst sind für die spirituellen Tiefen in uns und aufmerksam für die inneren Wahrheiten, die darauf warten, ins Bewusstsein gehoben zu werden, leben wir auf Distanz zu unserem wahren Selbst. Der heilige Augustinus sagt in seinen *Bekenntnissen*, als er über seine geistliche Lebensreise und besonders die Jahre seiner Trennung von

Gott nachdenkt, dass nicht Gott von ihm getrennt gewesen sei, sondern dass er, Augustinus, von sich selbst getrennt gewesen sei. »Du warst bei mir; ich war nicht bei Dir.«[3] Mit Gott versöhnt sein bedeutet, versöhnt zu sein mit unserem wahren Selbst, so wie wir geschaffen sind nach seinem Bild.

Die Gnade des Erwachens ist die Gabe, sich bewusst zu werden, wer wir in Wahrheit sind, und sich zu entscheiden, aus dieser Wahrheit zu leben. Die Geschichte vom Vater, der morgens seinen Sohn für die Schule wecken will, bringt das auf den Punkt: Der Sohn antwortet auf das Klopfen an seiner Schlafzimmertür: »Ich stehe nicht auf, und zwar aus drei Gründen: Erstens hasse ich die Schule, zweitens ärgern mich die Kinder, und drittens ist Schule langweilig.« Der Vater entgegnet: »Du wirst aufstehen, und zwar aus drei Gründen: Erstens ist es deine Pflicht aufzustehen, zweitens bist du fünfundvierzig Jahre alt, und drittens bist du der Direktor.« Wir müssen dazu aufwachen, wer wir sind.

Dabei geht es nicht nur um ein Aufwachen, sondern sozusagen um die Entscheidung, aufzustehen oder nach der Wahrheit zu leben, die in unserem Inneren ausgesprochen ist. Die Gnade, die uns dazu befähigt, uns bewusster zu werden, wer wir sind, kann in uns auch das Verlangen wecken, dieser Wahrheit gleichgestaltet zu werden. Wie Jesus den Gelähmten, der auf seinem Bett lag, aufforderte, aufzustehen und zu gehen[4], gibt es schöpferische Möglichkeiten in uns, die nicht nur bisher unentdeckt geblieben sind, sondern ungenutzt, und weil nie genutzt, sind sie unterentwickelt, wenn nicht sogar festgerostet. Zur schöpferischen Tiefe zu erwachen ist die Initialzündung in uns, dass wir danach verlangen, Wiederherstellung und Verbindung zu finden zu dieser schöpferischen Kraft. Die Gnade des Erwachens vermag uns immer weiter in die Wahrheit dessen, der wir sind, hineinzuführen.

Was aber ist die Kraft, die uns aufweckt und wiederherstellt? Wohin sollen wir da sehen, worauf hören?

Der irische Gelehrte des neunten Jahrhunderts Johannes Scotus Eriugena lehrt, dass Gott sein *Wort* unaufhörlich ausspricht. Wenn Gott aufhörte zu sprechen, so sagt er, würde das geschaffene Universum aufhören zu existieren.[5] Eriugena sagt dies im Zusammenhang seines Kommentars zum Prolog des Johannesevangeliums, besonders zu den Worten: »Im Anfang war das *Wort*« und »Alles ist durch das *Wort* geworden«.[6] Unser Leben und das Leben der ganzen Schöpfung ist wesentlich ein Ausdruck Gottes, eine Äußerung nicht nur vom Uranfang der Zeit, sondern aus dem Innersten von Zeit und Raum immer und überall.

Die Geburt jedes Kindes und jeder Kreatur ist eine Äußerung des *Einen*, der am Anfang allen Lebens ist. Indem wir also auf das hören, was uns aufweckt und wiederherstellt, hören wir nicht auf eine Äußerung irgendeines religiösen Nebenschauplatzes des Lebens, sondern vielmehr auf das *Wort*, das im Urgrund dessen gesprochen wird, wer wir sind und was das Leben im innersten Wesen ist. Es ist das *Wort*, das uns ins Dasein hineingesprochen hat. Indem wir auf dieses *Wort* hören, werden wir aufgeweckt werden zu dem, was unsere tiefste Wahrheit ist.

In den Erfahrungen des Erwachens in der Jugendzeit mischen sich ungeheure Gegensätze. Es ist nicht nur die Wahrheit, die wir in uns zu hören beginnen, sondern da sind auch Verunsicherungen und falsche Stimmen, die uns darüber täuschen können, wer wir sind. Es sind nicht nur Licht und Ströme guter schöpferischer Kräfte, auf die wir in unseren inneren Tiefen einen Blick gewinnen, sondern auch große Leerräume voller Dunkelheit und egozentrische und zerstörerische Strömungen. Wozu wir in der Jugendzeit erwachen, ist eine Ahnung von der Komplexität unserer Seele, die uns deutlicher noch in späteren Jahren wird, wenn wir weiter hinhören.

Das Evangelium ist uns nicht geschenkt, um mit einem Mal das Wechselspiel von Licht und Dunkelheit oder zwischen Wahrheit und dem, was falsch ist, in uns auszulöschen, sondern um uns mit einem innigen Zutrauen zu unterstützen, dass das Licht nicht von der Dunkelheit überwältigt worden ist.[7] Das Evangelium ist uns geschenkt, damit wir die verborgene Wahrheit erkennen: Tiefer als alle Falschheit in uns reicht die Wahrheit von Gottes Bild im Herzgrund dessen, wer wir sind. Das Evangelium ist uns geschenkt, um uns in die Lage zu versetzen, die zerstörerischen Energien zu benennen und ihnen entgegenzutreten, in der Gewissheit, dass die erlösenden Gnadengaben stärker sind – Gottes Leben im Kern dessen, wer wir sind.

Auf der Insel Patmos, wo der Seher Johannes in seiner *Geheimen Offenbarung* die Mächte der Dunkelheit aus den unergründlich scheinenden Abgründen aufsteigen sah[8], gibt es eine Höhle, die der Überlieferung nach mit dem Bösen in Verbindung gebracht wurde. Menschen, die diese Höhle betraten, sollen niemals wiedergesehen worden sein. In der Frühzeit des Christentums ließ sich ein Eremit in diesem Teil der Insel nieder. Jahrelang lebte und betete er in Sichtweite der Höhle. Dann rückte er seine Wohnstatt in die Nähe des Höhleneingangs und betete jahrelang im Angesicht des Bösen dieses Ortes. Schließlich betrat er die Höhle selbst und nahm dort Wohnung. Die Höhle war erlöst.

Diese Geschichte streicht heraus, dass wir gegenüber den Dunkelheiten, die in uns verborgen sind, wachsam sein sollen und wie wir ihnen begegnen können. Die Geschichte streicht aber auch heraus, dass wir dem Dunklen entgegentreten können mit einem Vertrauen, das nicht Naivität meint.

Die englische Mystikerin des vierzehnten Jahrhunderts Juliana von Norwich sieht in einer ihrer *Offenbarungen göttlicher Liebe*, dass ihre Seele einer ewigen Welt glich. Auf einem Thron im Mittelpunkt jener Welt saß Jesus, »ein edler Mann von hohem Wuchs, voller Würde«. Sie sieht, dass Jesus niemals den Platz verlassen würde, den er in unseren Seelen eingenommen hat; »denn in uns hat Er sein traulichstes Heim und hat das größte Wohlgefallen daran, in uns zu wohnen«.[9] Wieder und wieder spricht aus Julianas Vision die Überzeugung, dass diese Mitte, auch wenn unsere Sicht darauf oft verstellt ist, die tiefste Wirklichkeit des Lebens ist. Das *Wort*, das im Anfang war und am Ende sein wird und das unaufhörlich aus dem Urgrund des Lebens gesprochen wird, ist zuerst und allermeist das Wort der Liebe, so erschreckend und geheimnisvoll es uns auch begegnen kann.

Wenn dies die tiefste Äußerung der Wahrheit ist: Warum ziehen wir es dann so oft vor, nicht weiter zu erwachen und nicht auf das zu hören, was unter der Oberfläche ist? Teilweise ist das so wegen des Verunsichernden, ja Zerstörerischen, das wir vielleicht in uns hören, der Schattenseite unseres Selbst. Und in Zusammenhang damit, sind wir nicht, wenn wir hören, zur Veränderung gerufen?

Ein sturer alter Schotte, über neunzig Jahre alt, wurde gefragt, warum er immer bei seiner einen Meinung geblieben sei. »Ich bin immer bei meiner Meinung geblieben, weil ich stocktaub bin«, antwortete er. Wenn wir nicht hören, was gesagt wird, und insbesondere, wenn wir nicht auf das *Wort* hören, das aus dem wahren Herzgrund des Lebens heraus gesprochen wird, müssen wir unser Leben keiner anderen Wirklichkeit angleichen als der, die wir für wahr halten wollen.

In der Jugendzeit gibt es ein stürmisches Erwachen zu neuen Dimensionen und Wesenszügen unseres Selbst – sowohl zu guten als auch schlechten. Diese Erfahrung kann uns erschüttern und herausfordern. Denken wir an die quälenden Gefühle, die ein Jugendlicher bei den ersten Regungen der Liebe durchmacht, wenn sie, wie das manchmal der Fall ist, mit der Erfahrung verbunden sind, zurückgewiesen zu werden. Viele von uns mögen sich an die Wucht und Intensität der Zeilen jugendlicher Poesie erinnern, mit der wir oder andere versuchten, die Prozesse der Bewusstwerdung auszudrücken, die in uns ans Licht kamen. Oft wird dies als reine Selbstbespiegelung karikiert. Natürlich mag dabei ein Übermaß an Selbstbeschäftigung eine

Rolle spielen – hauptsächlich aber ereignet sich eine so mächtige Flut des Erwachens, dass es für den Jugendlichen schwierig sein kann, die Augen davon abzuwenden.

Vielleicht sollten sich Erwachsene fragen, warum sie manchmal über die Konzentration von Jugendlichen auf sich selbst so verärgert sind, wenn es scheint, als ob diese für niemand Augen haben als nur für sich selbst. Diese »Schattenseite« der Jugend kann eine starke Reaktion in uns hervorrufen. Warum? Nur, weil wir glauben, dass es wichtig ist, wenn sie lernen, auf andere zu achten? Könnte unsere Reaktion nicht auch eine Frustration in uns spiegeln – nämlich dass wir nicht genug Zeit für uns selbst finden oder dass wir es nicht schaffen, uns einer größeren Übung der Achtsamkeit für uns selbst zu widmen? Falls wir für die Gnade des Erwachens selbst nur ungenügend offen geblieben sind, könnte es gut sein, dass wir das auf einer bestimmten Ebene bedauern und ein Teil unserer Frustration dann auf den Jugendlichen projizieren, der sich die Selbstentdeckung gönnt. Dies wird natürlich noch komplizierter, wenn wir aus dem Grund mit jeder weiteren Selbstbewusstwerdung abgeschlossen haben, weil diese Prozesse des Erwachens in uns selbst die Art von Unruhe und innerer Verwirrung hervorgebracht haben, die wir jetzt bei einem Jugendlichen mit anschauen.

Haben nicht auch, ganz ähnlich, manche Feindseligkeiten und Vorurteile, die man zum Beispiel teilweise in der westlichen Welt gegenüber Meditationsformen findet, ihre Wurzeln in derselben Art innerer Frustration aufgrund eines Mangels an Erwachtsein zu sich selbst? Wie oft haben wir gehört, dass jene, die sich in Betrachtung und Schweigen üben, nichts anders als »Nabelschau« betrieben? Freilich ist es richtig, vorsichtig zu sein hinsichtlich Tendenzen zu übertriebener Beschäftigung mit sich selbst. Und wir brauchen die stete Erinnerung, dass es christlicher Meditation nicht darum geht, sich vom Leben der Welt wegzubewegen, sondern tiefer hinein in die Achtsamkeit gegenüber dem *Einen*, der wahrhaft das *Leben* ist für das Leben der Welt. Doch sind es wirklich diese Bedenken, von denen die Heftigkeit der Vorurteile gegenüber der Meditation herrührt? Jeder von uns muss sich selbst fragen, ob wir das rechte Gleichgewicht finden zwischen innerem Erwachen und äußerer Achtsamkeit. Diese Selbstbesinnung – und nicht so sehr Kommentare über unser Interesse fesselnde Unausgewogenheiten anderer – ist von vorrangiger Bedeutung. Unser Anliegen sollte darin bestehen, dass wir durch inneres Erwachen die Wahrheit vernehmen – mehr, als dass wir bloß das vernehmen, von dem wir gern hätten oder von dem wir befürchten, es sei wahr.

Eine Geschichte erzählt von einem alten Ehepaar, Jack und Mary, die ihre Eiserne Hochzeit feiern. Am Ende des langen Festtages sitzen sie zu Hause zusammen. Jack nimmt Marys Hand und sagt: »Mary, ich bin stolz auf dich.« Mary, deren Gehör nicht mehr das beste ist, antwortet: »Was hast du gesagt, Jack?« »Ich bin stolz auf dich«, sagt Jack noch einmal, worauf Mary erwidert: »Das ist in Ordnung, Jack, ich habe dich ebenfalls satt.«

Es ist wichtig, dass wir hören, was wirklich gesagt wird, am allerwichtigsten, dass wir das *Wort* hören, das aus dem Herzgrund des Lebens gesprochen wird, unseres eigenen und allen Lebens. Indem wir in uns ein aufmerksames Bewusstsein entwickeln, werden wir vieles hören, und einiges von dem, was wir hören, ist nicht aus der Wahrheit geboren, die in uns ist, sondern eher aus Gefühlen der Angst und des Hasses, die in uns sein mögen. Es gibt in unserer Seele Orte, die von Selbstzweifeln und Fehlern aus der Vergangenheit heimgesucht werden. In ihrer Dunkelheit entsprechen sie den furchterregendsten Orten des Todes in dieser Welt: Und die Worte voller Verwirrung und Zorn, die aus solchen Seelenkammern emporsteigen, kommen nicht vom *Herzgrund* des Lebens, sondern aus Randgebieten, die das tiefste und ewiges Leben schenkende *Wort* verdunkeln.

Das Risiko, das wir auf uns nehmen, wenn wir immer weiter durch neue innere Geburten erwachen, ist groß. Wer weiß denn, was als Nächstes in uns auftauchen wird und was der unbegrenzt schöpferische und einfallsreiche *Geist Gottes* uns zu sehen erlauben und zu tun aufrufen wird? Fern davon, uns zur Ruhe setzen zu dürfen, werden wir vielleicht die Ungeduld eines Jugendlichen in uns spüren, aus den ererbten und überlieferten Grenzen auszubrechen, besonders wenn jene Grenzen die Tiefe und Weite unseres Erwachens einzuschränken drohen. Vielleicht werden uns auch die scharfsichtigen Augen eines Jugendlichen gegeben, mit denen wir die Lebensferne und Heucheleien unserer religiöser Überlieferungen durchschauen. Ein Risiko des Erwachens besteht darin, dass wir in Zeiten hineingehen, in denen wir das anzweifeln werden, was wir erreicht haben.

Die meisten von uns dürften sich daran erinnern, dass sie als Jugendliche das Bedürfnis hatten, selbst zu erkennen und selbst zu prüfen mit der Neigung, nichts zu glauben, bis sie es mit eigenen Augen gesehen hätten. Lasst uns Vertrauen haben, sowohl in uns selbst als auch in unsere Jungen, und Zweifel nicht wegschließen, sondern durch sie hindurchgehen zu etwas, das tiefer reicht. Das ist Glaube.

Ist diese Erfahrung nicht ein Teil der Gnade des Erwachens? Müssen wir davor erschrecken? Wenn unsere Jugendlichen zu neuen Einsichten und der Fähigkeit nachzudenken erwachen, sollten wir ihnen und auch uns nicht Raum zum Zweifeln geben – als Teil der Reise zu einem erfüllteren Glauben?

Ist das nicht – in Teilen – die Wahrheit von Jesu Gleichnis vom verlorenen Sohn[10], dessen volles Erwachen erst geschieht, als er durch eine Zeit hindurch gegangen ist, in der er, was sein Eigen war, in Frage stellte und zurückstieß? Der Sohn, der das Risiko auf sich nimmt, seinen Zweifeln zu folgen, bevor er zu tieferer Wahrheit erwacht, wer er selbst ist und wer sein Vater ist, wird ein Mensch von größerer spiritueller Statur als der andere Sohn, der niemals von zu Hause fortgegangen ist. Lasst uns nicht so sehr die Risiken und Irrfahrten unserer Zweifel fürchten, vielmehr an den *Einen* glauben, der darauf wartet, dass wir und unsere Kinder nach Hause zurückkehren mit einer Seele, die erwacht und in tieferer Weise achtsam geworden ist.

Ich erinnere mich, wie eine alte Frau in Griechenland mit Liebe von ihrem eigensinnigen Sohn sagte: »Die Kirche liebt einen guten Sünder.« Aus ihren Worten sprach die klare Überzeugung, dass es immer einen Platz für ihn geben wird und dass bei seiner Rückkehr ein Fest gefeiert werden wird – größer, als wenn er niemals vom Wege abgekommen wäre. Die tiefen Erfahrungen des inneren Erwachens sind ein Geschenk, auch wenn sie in Jahren voller Verwirrung und Schmerz für uns selbst und für die, deren Leben wir anrühren, verhüllt blieben.

In ihren *Offenbarungen göttlicher Liebe* sieht Juliana von Norwich, dass alles gut sein wird. Alles wird gut, wurde ihr versichert. »Du selbst sollst sehen, dass alles gut sein wird.«[11] Das glaubte sie nicht auf der Grundlage eines vagen Optimismus im Blick auf das Leben und seinen Ausgang. Denn sie hatte auch die Wunden und entsetzliche Entstellung des Lebens gesehen, die Christi Leiden stellvertretend darstellt. Vielmehr glaubte sie diesen Verheißungsworten, weil sie den *Einen* gesehen hatte, der in der ewigen Mitte unserer Seele wohnt. Sie hatte die *Mutter* gesehen, die nicht aufhört, auf unsere Rückkehr nach Hause zu warten. »Warum habt ihr mich voller Angst gesucht?«, fragt Jesus. Die tiefsten Erfahrungen des Erwachens in uns sind Liebesregungen, die uns zum Herzgrund dessen ziehen, wer wir sind.

ÜBUNG

Maria wird beschrieben, wie sie »alle diese Dinge in ihrem Herzen bewahrte«[12]. Obwohl sie durch Jesu Erwachen zu seinem neuen Selbstbewusstsein verunsichert und auch verletzt ist, gelingt es ihr, über das Geschehene nachzudenken und es in ihrem Herzen zu bewahren. Marias Reaktion kann uns bei der Meditation über die Gnade des Erwachens in unserem Leben leiten.

Finde eine bequeme und zugleich konzentrierte Sitzhaltung. Beginne, schweigend folgende Worte zu wiederholen:

BEWAHRE DIESE DINGE IN DEINEM HERZEN

Der Satz kann verkürzt werden zu einem einfachen »Bewahre diese Dinge«. Finde für dich einen Rhythmus der Wiederholung, der es erlaubt, dass diese Worte einfach und unmittelbar zu deinem eigenen Herzen sprechen.

Vielleicht sprichst du sie, während du ausatmest; dann kannst du auf die Worten von innen her hören. Lass den Atem ruhen nach jedem Atemzug, um den Worten zu erlauben, sich in dir niederzulassen. Wenn du dann einatmest, können Erinnerungen und Bilder von Erfahrungen des Erwachens aufsteigen. Vielleicht wird dir auch einfach ein ruhiges Gespür für die Gegenwart Gottes gegeben. Dieses Gespür ist – vielleicht mehr als alles andere – das Erwachen, das es zu suchen und zu bewahren gilt.

Nach ungefähr fünfzehn Minuten in schweigender Meditation drücke das Verlangen deines Herzens vor Gott aus: für dich selbst und für die, die Gott dir zur Sorge und Freude anvertraut. Erweitere dein betendes Verlangen und schließe Menschen überall ein. Schließe mit dem Vaterunser.

4 Frühes Erwachsenenalter und Leidenschaft

»Mein Haus soll ein Haus des Gebetes sein.«
Lukasevangelium 19,46

Erinnern wir uns der leidenschaftlich verfochtenen Gewissheiten unseres jungen Erwachsenenalters? Chesterton hat sie sarkastisch »die turmbewehrte Unfehlbarkeit der Zwanziger« genannt. Es mögen nicht immer ausgereifte Überzeugungen gewesen sein; und im Ruf nach Weltveränderung mag manchmal einfach unser Ruf, die Welt solle mehr so sein wie wir, laut geworden sein. Aber oft hat in ihm ein echtes Feuer der Leidenschaft gebrannt.

Das heftige Gespür für Unrecht und Ungerechtigkeit in der Welt und die Entschlossenheit, etwas dagegen zu tun, fließen aus dem, was die Heilige Schrift die »Eingeweide« des Erbarmens nennt. Dieser Ausdruck wird zum Beispiel verwandt, um Jesu Mitleid mit den Hungrigen[1] oder sein Mitgefühl für die Witwe zu bezeichnen, die ihren einzigen Sohn verloren hatte.[2] Dieses Erbarmen ist genährt von einem Feuer im Herzen. Die Motivation, die tief aus unserem Inneren aufsteigt, zum Beispiel gegen Ungerechtigkeit zu protestieren, für den Frieden zu arbeiten oder die Kirche an ihre ursprüngliche Einfachheit zu mahnen, ist ein Spiegel jenes von Herzen kommenden Idealismus, der im frühen Erwachsenenalter auftritt.

Was ist diese Gnade der Leidenschaft für das Leben, die in diesen Jahren in den Vordergrund tritt? Haben wir sie wertgeschätzt und ihr weiterhin Raum in unserem Leben gegeben – als Einzelne und als Gesellschaft? Oder haben wir ein bisschen Angst vor der Stärke dieses Gefühls und vor seiner Unvorhersehbarkeit?

Im Bericht des Lukasevangeliums vom triumphalen Einzug in Jerusalem wird Jesus beschrieben, als er über die Stadt weint, weil sie – wie er sagt – nicht erkannt hat, was zum Frieden dient.[3] Als er den Tempel betritt und Zeuge wird, wie die Armen ausgebeutet werden, weil sie überhöhte Preise für Opfergaben zahlen müssen, stößt Jesus gewaltsam die Tische der Geldwechsler um und vertreibt die Tempelhändler mit einer Geißel aus Stricken. In der großen Überlieferung der Propheten des Alten Testaments entlarvt Jesus die Ungerechtigkeit und bestätigt zugleich die Würde des heiligen Ortes, indem er ein Wort des Propheten Jesaja zitiert: »Mein Haus soll ein Haus des Gebetes sein.«[4]

Die Propheten Israels gebrauchen oft die leidenschaftliche Sprache der Liebe und Nähe, um die Beziehung Gottes zu den Menschen darzustellen. »Mit ewiger Liebe habe ich dich geliebt«, schreibt Jeremia.[5] »Wie könnte ich dich preisgeben?«, ruft Hosea.[6] Diese Sätze stimmen mit unserer Erfahrung überein, dass wir manchmal im Leben von Liebe geradezu besessen sind. Haben wir nicht alle etwas von jener Leidenschaft für einen anderen erfahren, in der ein Teil unseres Herzens für immer erobert bleibt? Wir erinnern uns an die Erregung und die Glut der ersten Augenblicke der Liebe und ebenso an den quälenden Schmerz, wenn wir in der Liebe betrogen oder zurückgewiesen wurden. Oft ist es unser frühes Erwachsenenalter, wenn diese Tiefe leidenschaftlicher Beziehung zum ersten Mal geboren wird. Wozu ist sie uns gegeben, und wie können wir sie in den Rest unseres Lebens einbinden?

Es ist gewiss wichtig, dass wir uns darüber klar werden, was wahre Leidenschaft ist. Wir können furchtbar daneben liegen im Ziel und im Ausdruck unserer Leidenschaften. H. A. Williams beschreibt in seinem autobiografischen Bericht über seine Gottessuche *Eines Tages finde ich dich*[7], wie seine Mutter in ihrem Wohnzimmer Gebetstreffen abhielt. Bei einer Gelegenheit in ihren späten Jahren betete sie, als sie den Roman *Vom Winde verweht*, den amerikanischen Klassiker, halb durchgelesen hatte, voller Leidenschaft, Scarlet O'Hara, die Hauptfigur, möge die richtige Entscheidung treffen. Wir haben die Fähigkeit zu tiefer und wahrer Liebe – aber wir sind ebenso fähig, manchmal bis zur Lächerlichkeit daneben zu greifen.

Leidenschaft wird in unserer westlichen Welt zum Teil deswegen falsch eingeordnet, weil wir uns ausschließlich auf ihre Erscheinungsformen konzentrieren. Die Antwort darauf von Seiten der religiösen Gemeinschaft ist allzu oft gewesen, das wesenhafte Gutsein sexueller Leidenschaft und Freude zu verneinen. Es gab zum Beispiel die Neigung, ein Buch wie das *Hohelied*, einen der sinnlichsten literarischen Texte der jüdisch-christlichen Tradition, spirituell umzudeuten. Während dessen leidenschaftliche Liebeslyrik eine unbezwingbare Leidenschaft herausstreicht, die stärker ist als der Tod und so das Körperliche übersteigt, vernachlässigt sie zur selben Zeit nicht, dem sexuellen Ausdruck der Leidenschaft Raum zu geben. Deren Ablehnung hatte zur Folge, dass Energien unterdrückt wurden, die aus der Tiefe dessen fließen, der zu sein wir geschaffen sind. Im Herzgrund des Lebens gibt es einen großartigen Rhythmus der Leidenschaft, der sich in der Sehnsucht nach Einheit in und zwischen allem zum Ausdruck bringt.

Eine Geschichte erzählt von einer Schulleiterin, die ihre Schülerinnen warnte, dass eine Stunde der Lust nicht eine Ewigkeit des Bedauerns aufwiege. Als Antwort hob eines der Mädchen die Hand und sagte: »Bitte, wie schafft man es, dass die Lust auch so lange dauert?« Das ist genau die Frage, die gestellt werden muss. Leidenschaft – äußerlich betrachtet – ist nicht von Dauer, auch wenn sie vielleicht wie besessen ein Leben lang verfolgt wurde. Die Antwort auf begrenzte Vorstellungen von Leidenschaft sollte nicht eine Abwertung des Sexuellen sein, sondern eine vertrauensvolle Hinführung zu Erfahrungsbereichen, die tiefer als das Sexuelle reichen, um achtsam zu werden für die Leidenschaft für das Leben, die im Herzgrund dessen, wer wir sind, erweckt werden kann. Die Erfahrung, wie stark und gut jene Gnade ist, ist der Anfang davon, ihre vielfältigen äußeren Ausdrucksformen ins rechte Licht zu rücken. Tiefe innere Leidenschaft ist wie ein mächtiger Fluss, der in vielen Strömen und Bächen ausläuft. Sexuelle Leidenschaft ist nur einer davon und mag vielleicht nicht notwendigerweise ausgeübt werden – aber wenn, dann lasst sie uns feiern als reichen und tiefen Strom! Lasst uns aber auch wissen, dass sie dennoch Grenzen hat. Sie will nur richtig fließen, wenn sie von Ufern der Verantwortung und Hingabe begrenzt ist. Einer der größten modernen Täuschungen besteht darin, dass der Strom sexueller Leidenschaft zugleich tief und uferlos sein könne.

Jesu sogenannte Tempelreinigung drückt die Tiefe seiner inneren Leidenschaft aus. Es war keine oberflächliche religiöse Angelegenheit. Ihre Parallele heute ist keine überzogene Abschottung unserer Kirchenheiligtümer gegenüber Geräusch und Lebendigkeit. Vielmehr weisen das *Geheimnis*, das im Halbdunkel des Tempels gehütet wurde, und die Gottesliebe, die in den biblischen Schriften und durch die Riten des heiligen Ortes gelehrt wurde, auf die *Heiligkeit* und die *Liebe* hin, die im Herzgrund allen Lebens wohnen. Der Zorn Jesu entsprang nicht einem liturgischem Fanatismus für anständiges Benehmen im Tempel, sondern seinem leidenschaftlichen Verlangen, eine Achtsamkeit und Wertschätzung für den *Einen* einzufordern, der im inneren Heiligtum, im *Tempel des Lebens selbst*, wohnt.

An unseren heiligen Stätten soll mit Leidenschaft ein neuer Sinn für Raum und Stille entstehen, aber in der Sorge darum lasst uns erkennen, dass es im Kern um die Stille in uns selbst und in allem Leben geht: Sie gilt es wiederzuentdecken.

Welches sind die Tempel, welches die Orte in unserem Leben und in unserer Welt, die ausgeräumt werden müssten, entrümpelt von allem, was unserer Achtsamkeit für Gottes Gegenwart entgegensteht oder sie hemmt? Was das Sichtbare angeht, sprechen unsere Kirchen, wenn sie vollgestopft sind, von einem Mangel an Raum und Stille. Das manchmal absurde Horten aller möglichen Stücke aus der Vergangenheit, Chorräume, übersät mit unnötigem Mobiliar, ein verwirrendes Sortiment an Papieren und Büchern: Das alles vermittelt die Abwesenheit innerer Ruhe und Haltung. Vielleicht ist das, was an vielen Orten notwendig ist, dass die ganzen frommen Utensilien bis hin zu dem großen fest verankerten Kirchengestühl im Chorraum zur Kirchentür hinausgeworfen werden. Was wir brauchen: die Wiederherstellung von Einfachheit und einer aufgeräumten Aufmerksamkeit. Man denke an die Art, wie mit Nestbauinstinkt das Zimmer für die Ankunft eines neugeborenen Kindes vorbereitet wird! Gereinigt, frisch gestrichen und entrümpelt, ist es ein Symbol des Wartens und des Willkommens. Vereinfachte und auf das Wesentliche konzentrierte Orte des Schweigens und des Gebets sprechen auf ähnliche Weise von der Sehnsucht in uns, das Leben zu empfangen, das von innen geboren wird.

Wichtiger als Räume und Gebäude sind unser Körper und Geist, von denen Paulus sagt, sie seien lebendige Tempel Gottes.[8] Was sind die Zerstreuungen und Besessenheiten, die ausgeräumt werden müssten, wenn wir achtsamer werden wollen gegenüber dem schweigenden Geheimnis Gottes in uns und im Leib der Schöpfung? Jesu Lehre in Bezug darauf, wie zu beten sei, lautet: »Geh in deine Kammer, wenn du betest, und schließ die Tür zu; dann bete zu deinem Vater, der im Verborgenen ist. Dein Vater, der auch das Verborgene sieht, wird es dir vergelten.« [9] Auf einer Ebene sprechen diese Sätze von der Bedeutung der Räume im wörtlichen, auf den Körper bezogenen Sinn, Räume, in denen wir ohne äußere Zerstreuung beten können.

Auf einer tieferen Ebene sprechen sie davon, die Türen unseres Geistes vor zerstreuenden Gedanken zu verschließen, die sonst über uns hereinfluten und uns wer weiß wohin führen. Die großen Überlieferungen des Gebetes und der Meditation, die über die Jahrhunderte weitergegeben wurden, stellen uns einfache Wege zur Verfügung, wie wir unsere geistige Aufmerksamkeit konzentrieren können. Sie bieten brauchbare Methoden, wie man lernen kann, still zu werden, um Gott zu erkennen, wie es im Psalm heißt.[10]

Der moderne schottische Dichter Kenneth White spricht in seinem Gedicht *Das Haus der Erkenntnis* vom »Ausziehen der Kleider des Geistes« und vom »Liebesakt mit dem Unbekannten«:

mehrfaches betrachten
das wunderbare verstehen
wunderstehen
hinein in die nacktheit
hinter den zeichen
tief tief hinab
wo alles
letztendlich zählt ...
umgeben von ewigkeit.[11]

Übertragen auf den Tempel unseres Zuhauses: Wie können wir die Wohnung unserer Familie mitten in ihrer Betriebsamkeit dazu befreien, zugleich ein offener und achtsamer Ort zu sein – nicht überladen mit Ängsten und den Zerstreutheiten, die eine Erfahrung von Gutsein aus ihrer Mitte verdrängen? Das ist zum Teil das, was Mahatma Gandhi in seinem Hindu-Ashram versuchte, als er seine Wohnung so einfach und offen wie möglich einrichtete.

Die innere Übung der Stille kann unterstützt werden durch die Entrümpelung unserer äußeren Umgebung. Eine meiner unvergesslichen Erfahrungen mit Bede Griffiths, einem der größten spirituellen Meister des zwanzigsten Jahrhunderts, war die offene Einfachheit seiner Hütte in der Benediktiner-Kommunität von Shantivanam in Tamil Nadu (Indien). Ich erinnere mich, wie Bede auf seinem Bett saß, körperlich geschwächt von einem kürzlich erlittenen Schlaganfall, seine Augen vermittelten eine leidenschaftlich lebendige Klarheit des Geistes, etwas, das sich widerspiegelte in der Offenheit seines Zimmers, die Fenster weit auf zum Licht und zur frischen Luft des Tages.

Jesus sagt: »Selig, die ein reines Herzen haben; denn sie werden Gott schauen.«[12] Wie erlangen wir in allen Tempeln des Lebens, ob im Tempel unseres Herzens oder im Tempel der Schöpfung selbst, diese reine und unverbaute Sicht auf die Gegenwart des *Heiligen* wieder?

»Wären die Tore der Wahrnehmung gereinigt«, schreibt Blake, »erschiene dem Menschen alles so, wie es ist: unendlich.«[13] Wenn wir Gott schauen wollen, müssen unsere inneren Augen wieder Feuer fangen, sagte er. Entgegen aller Wahrscheinlichkeit – wie es scheinen mag –, unter den Bedingungen der inneren und äußeren Zerstreuungen unseres Lebens: Wie können wir einen hellsichtigen Weg des Sehens wiederentdecken, ohne dass unsere Leidenschaft sich entzündete? Tatsächlich: Was ist im Leben wertvoll, das sich ohne die Flamme der Leidenschaft ereignet?

Der Seher Johannes berichtet in seinem Buch der Geheimen Offenbarung, dass der *Eine*, der der Anfang der Schöpfung ist, zum Engel der Gemeinde von Laodizea sagt: »Weil du lau bist, weder heiß noch kalt, will ich dich aus meinem Mund ausspeien.«[14] Wenn wir beispielsweise keine Leidenschaft füreinander fühlen oder für die Dinge, die wir tun, studieren oder gemeinsam schaffen: Was ist dann damit? Es ist gewiss kein Zufall, dass die Gabe der Leidenschaft zwischen Mann und Frau Empfängnis und neues Leben entstehen lässt. Ebenso sind es die Leidenschaft, die in einem Künstler existiert, die Leidenschaft einer Mutter für ihr Kind oder die Leidenschaft eines Volkes für Befreiung aus Unterdrückung und all die alltäglichen Leidenschaften in der Teilnahme an Arbeit, Spiel, Beziehungen, die schöpferische Kräfte freisetzen und Neuanfänge in unserem Leben ermöglichen. Welches sind die Leidenschaften des Glaubens und der Hoffnung und – vor allem anderen – die Leidenschaften der Liebe, die darauf warten, in unserem Leben, in Kirche und Welt wiederentdeckt zu werden?

Wir leben in einem Zeitalter, das zunehmend durch eine leidenschaftslose und gezähmte Religiosität geprägt ist. George MacLeod, der Begründer der ökumenischen Kommunität von Iona, eine prophetische Gestalt, pflegte über einen Großteil der Religion des zwanzigsten Jahrhunderts zu sagen: »Das Problem mit der Kirche ist, dass niemand sie verfolgen möchte.« Hat sie ihr Feuer der Leidenschaft verloren? Wenn das Gebet das Herz einer Spiritualität ist, die aufbricht, unser Leben und die Welt zu verwandeln, dann spricht der Mangel an Energie und an Übung innerer Achtsamkeit und Stärke von einer leidenschaftslosen Gottesverehrung. Ein anderer feuriger keltischer Heiliger von Iona, Kolumban im sechsten Jahrhundert, wies seine Mönchsgemeinschaft an zu beten, bis die Tränen kämen.[15]

Die meisten von uns werden sich an Augenblicke im Leben erinnern, in denen wir von der Angst gepeinigt wurden, das zu verlieren, was wir am liebsten hatten: unsere Kinder, unseren Partner, die, die wir lieben. In solchen Augenblicken haben wir leidenschaftlich gebetet und vielleicht unter Tränen. Eine leidenschaftliche Spiritualität ist eine, die erweckt ist durch solche Tiefen der Sehnsucht. Sie ist leidenschaftlich wachsam für die Bedrohungen, denen die Tempel Gottes in der Welt ausgesetzt sind, mögen das die Tempel unschuldiger Leben sein, der innere Tempel unseres Herzens oder die Gartentempel der Schöpfung.

Etablierte Religion neigte in der Geschichte dazu, vor prophetischer Leidenschaft Angst zu haben, die oft als Kind ungebändigter Orte dargestellt wird, geboren in der Wüste oder der offenen See. Die leidenschaftliche Stimme der alttestamentlichen Propheten fährt in die Städte wie ein Sturm aus der Wildnis. »Ich hasse eure Feste, ich verabscheue sie und kann eure Feiern nicht riechen«, sagt die Prophetie eines Amos: »Sondern das Recht ströme wie Wasser, die Gerechtigkeit wie ein nie versiegender Bach.«[16] Die Leidenschaft Gottes, die ihren Ausdruck im prophetischen Ruf nach Gerechtigkeit findet, ist eine Leidenschaft, die sich auch in der ungebändigten Schöpferkraft Gottes ausspricht. Die Stärke der Meeresbrandung, die ungeheuren Explosionskräfte der Sterne, das Fehlen ordentlich geradegezogener Linien in allem, was aus dem Erdboden wächst: das alles spricht von einer ungebändigten Wildheit der Leidenschaft in Gott. So ist die Leidenschaft im Herzgrund des Lebens, im Herzen auch unseres wahren Selbst. Es ist eine Gnade, die in uns die Sehnsucht nach Einheit und Verbindung aller Dinge aufsteigen lässt.

In einer Gruppenmeditation zum Evangelium der sogenannten Tempelreinigung Jesu sprach eine Frau von den inneren Bildern, die in ihr aufgestiegen waren: Sie hatte sich selbst als eine wilde rote Rose gesehen, überdeckt und gefesselt von Unkraut. Als sie das Gestrüpp entfernen wollte, sah sie, wie sie sich die Hände böse verletzte, aber sie fuhr damit fort, das Unkraut wegzureißen, weil sie wusste, dass sie damit ihr wahres Selbst freilegte.

Das erinnert mich an das große Westfenster der St. Giles-Kathedrale in Edinburgh, das dem Andenken an den schottischen Dichter Robert Burns gewidmet und inspiriert ist durch die Worte seines Gedichtes: *Meine Liebe ist wie eine rote, rote Rose (My love is like a red, red rose)*. Im Zentrum des Fensters sieht man die rote Blüte oder Flamme – ein Bild jener Liebe, die im Herzgrund des Lebens ist. Der Bereich der Schöpfung und die Welt der Menschen sind gezeichnet als durchzogen mit schrecklich schwarzen Linien aus Unrecht und Verwirrung. Tiefer aber leuchten die Strahlen goldenen Lichtes, die aus der Rose hervorgehen und alle Dinge durchziehen. Im Zentrum des Lebens und in seinem Anfang brennt das Feuer der Leidenschaft.

Lasst uns gewiss sein, dass unsere tiefsten Leidenschaften gut und von Gott sind! Freilich sind genauso andere Wünsche in uns, selbstsüchtig und zerstörerisch, aber immer noch tiefer ist die Leidenschaft der Liebe, denn wir sind nach dem Bilde des *Einen* geschaffen, der Liebe ist, die sich selbst verschenkt. Das Evangelium ist uns nicht in erster Linie geschenkt, um uns zu belehren, dass viele unserer Leidenschaften dunkel und zerstörerisch seien; denn das wissen wir mehr oder weniger über uns selbst. Vielmehr gibt es eine Wahrheit, die wir vergessen haben und für die uns das Evangelium geschenkt wurde, damit es sie in uns wachruft und uns durch sie befreit: die Wahrheit, dass wir in uns die Leidenschaft und schöpferische Kraft Gottes tragen. Es ist die unbändige schöpferische Leidenschaft des *Einen*, deren Explosion von Materie und Energie im Anfang den sich ausdehnenden Kosmos gebar. Die Gnade ist uns gegeben, um diese schöpferische Leidenschaft aus unseren Tiefen freizusetzen und uns aus den Mächten von Lethargie und Zerstörung zu befreien, die verdunkeln, was unsere tiefste innere Wahrheit als Söhne und Töchter Gottes ist.

Ein tiefes Erwachen der Leidenschaft in uns wird auch die Leidenschaft, die in anderen ist, in Bewegung bringen. Wahre Leidenschaft ist einladend und zwingt keine Antwort herbei. »Lieb bot mir Willkomm«, schreibt George Herbert.[17] Die tiefste Leidenschaft wird entzünden und erwachen lassen, was im anderen am wahrhaftigsten ist. Das abstoßende Bild eines Mannes, der sich einer Frau sexuell aufnötigt, zeigt umgekehrt eine Pervertierung der Leidenschaft und eine Veränderung jener Energie, die ursprünglich gut und Leben spendend ist, zu einer zerstörerischen Kraft. Das Ausmaß sexueller Nötigung und des Missbrauchs in unserer Kultur macht deutlich, wie sehr das Bild von Gottes Leidenschaft in uns von Falschem überdeckt ist. Wahre Leidenschaft verlangt danach, vor allem anderen Liebe freizusetzen und dadurch den anderen in Freiheit zu setzen.

Als Jesus im Tempel von Jerusalem seiner Leidenschaft Ausdruck gab, um ihn zu befreien als einen Ort des Gebets, kam er damit jener anderen Passion näher, seinem Leiden am Kreuz. Das Lukasevangelium erzählt, dass die religiöse Führerschaft als Folge der leidenschaftlichen Aktion Jesu seinen Tod zu planen begann. Später, als Jesus zur Kreuzigung geführt wurde und Frauen, die es mit anschauen mussten, sich wehklagend an die Brust schlugen, sagte Jesus bezogen auf die Leiden, die über die Heilige Stadt kommen würden: »Frauen von Jerusalem, weint nicht um mich; weint um euch selbst und um eure Kinder.«[18] Er sprach als ein Mann, der offen die Tiefe seines eigenen Gefühls zeigte – nicht nur im Tempel, sondern schon vorher, als er über den Todes seines Freundes weinte[19], und später, als er über die Stadt klagte, deren Aufruhr von Verwirrung Zerstörung über sie selbst bringen würde.[20] Seine Worte an die Jerusalemer Frauen zeigen, wie wichtig es ist, die Leidenschaft auszudrücken, die sich am tiefsten in uns rührt.

Die Psychotherapeutin Elisabeth Kübler-Ross betonte es zugespitzt in ihrer Arbeit mit Sterbenden und Hinterbliebenen: »Zum Ausdruck gebrachter Groll dauert genau zwanzig Sekunden. Unausgedrückter Groll dauert ein Leben lang.« – Wir wissen sehr gut: Wenn wir vor Vergnügen und Freude Tränen lachen und erst recht, wenn es Tränen des Schmerzes und Zornes sind, hat sich etwas in uns geregt in Tiefen weit unterhalb der Oberfläche. Die bewusste Einbindung solcher inneren Tiefen ist Teil unserer Reise, ein ganzer Mensch zu sein.

Die Art und Weise, in der das Wort »Passion« auf beides hinweist: auf Liebe und auf Leiden, spiegelt das Geheimnis Christi wider. Vielleicht ist das zum Teil der Grund, warum wir so oft entscheiden, unsere tiefsten Leidenschaften zu unterdrücken oder zu vergraben: Wir wissen, welchen Preis sie haben. Sogar unsere eher oberflächlichen Leidenschaften fordern uns, wie viel mehr unsere tiefsten und wahren! Sich selbst auszudrücken, beispielsweise in der Liebe für einen anderen, macht uns nackt und bloß. Es bedeutet, unsere Sicherheitszäune fallen zu lassen und sich der Verletzlichkeit auszusetzen, entweder im Gegenzug Liebe zu empfangen oder zurückgewiesen zu werden. Ebenso bedeutet es, dass wir manchmal alle Vorsicht in den Wind schlagen, wenn wir uns mit Leidenschaft einer schöpferischen Arbeit hingeben oder unseren Kindern oder einer Befreiungsbewegung. Leidenschaft kann so erscheinen, als treibe sie uns an die Grenzen; aber sie ist auch die Gnade, die uns näher an das Zentrum des Lebens führt. Ihr zu folgen heißt in gewissem Sinne, dass wir bereit sind zu sterben, tot für die Außenschichten der Selbstabsicherung, sodass Neues in uns geboren werden kann. Von außen sieht es vielleicht aus wie Verrücktheit, von innen ist es Inspiration.

In uns allen gibt es Ängste bezüglich eines solchen Kontrollverlustes im Leben. Freilich müssen wir uns daran erinnern, dass Selbstkontrolle eine der Früchte des Heiligen Geistes ist.[21] Eine der mächtigsten Kräfte des Guten in der Welt sind Männer und Frauen gewesen, die ihre Leidenschaft für Gerechtigkeit und Kreativität am Leben erhielten, indem sie sie mit Selbstdisziplin verbunden haben. Aber in einem anderen Sinn wird unsere Entscheidung, unseren von Gott gegebenen Leidenschaften zu folgen, uns einem Leben außerhalb von Kontrolle aussetzen. Das war der Preis der Liebe Christi. Erwarten wir, dass es bei uns völlig anders sein wird? Jesus sagt in Bezug auf jene, die seine Jünger sein wollten: »Wer mein Jünger sein will, nehme täglich sein Kreuz auf sich und folge mir nach.«[22]

Eine Frau, die das Evangelium von Jesus im Tempel zu Jerusalem meditierte, hatte folgendes inneres Bild: Sie sah sich selbst als eine tote Raupe auf einem Zweig. Die meiste Zeit ihres Lebens, sagte sie, waren ihre Leidenschaften wie in einem Schmetterlingskokon verpuppt durch die Familie und die traditionellen Erwartungen, wie sie sich zu benehmen habe. Ihr Verlangen war jetzt, zum Leben zu kommen, das zu befreien, was am tiefsten und wahrhaftigsten war. Welches sind die Leidenschaften, die darauf warten, in uns freigesetzt zu werden – in uns als Einzelnen und Familien, als Kirchen und Gesellschaften?

Indem wir uns für den Weg zur großen Quelle unserer inneren Leidenschaft entscheiden, wissend, dass wir uns damit verletzlich machen, lasst uns sowohl der Warnung wie der Verheißung Christi versichert sein. Im selben Kapitel des Lukasevangeliums, das von Jesus im Tempel von Jerusalem erzählt, heißt es später: »Denn wer sein Leben retten will, wird es verlieren; wer aber sein Leben um meinetwillen verliert, der wird es retten.«[23] Beten wir zu Gott, dass wir den Mut haben, uns selbst zu verlieren an die Leidenschaften der Liebe und der schöpferischen Kraft, die sich tief in uns regen.

ÜBUNG

Es ist wichtig, dass du bei der Meditation sowohl still als auch aufmerksam und wach bist. Setz dich auf einen Stuhl oder auf den Boden, den Rücken aufrecht, und beginne, schweigend die Worte Jesu im Tempel zu wiederholen:

MEIN HAUS SOLL EIN BETHAUS SEIN

Sprich die Worte, während du einatmest. Fühle die Leidenschaft, die in ihnen steckt. Höre auf sie als auf einen Ausdruck des göttlichen *Lebens*, das in deinem Leben ist. Lass sie deine eigenen Worte sein. Wenn du ausatmest, achte darauf, wie sehr in Jesu Worten und Taten die Sehnsucht nach Stille wohnt. Es ist die Stille im Herzgrund des Lebens und der schöpferischen Kraft.

Erinnerungen und Bilder der Leidenschaft werden durch diese Worte hervorgerufen. Lass zu, dass sie in dein Bewusstsein fließen, ohne dass du sie anhältst und analysierst. Vielleicht willst du später über sie nachdenken, für jetzt aber beschränke dich darauf, ihrer bewusst zu sein. Sei gegenwärtig für deine Erinnerungen und inneren Bilder, so wie sie dir gegeben werden. Oder sei gegenwärtig für das Gefühl von Frieden, wenn du es erfährst.

Nach fünfzehn Minuten, in denen du die Worte schweigend wiederholst, drücke das Verlangen deines Herzens in einem Gebet aus. Es können Verlangen sein, die während der Meditation zum Leben erwacht sind, oder solche, derer du dir seit langem bewusst bist. Welche es auch sind, ob große oder kleine: Erkenne, dass deine tiefsten Verlangen aus Gottes Bild in dir fließen und im Gebet ausgesprochen werden können. Beschließe die Betrachtung, indem du das Vaterunser betest.

5 Mittlere Jahre und Hingabe

»Liebet einander, wie ich euch geliebt habe.«

Johannesevangelium 15,12

Welche Erinnerungen haben wir daran, geliebt zu sein? Wer hat sich während unserer Kindheit um uns gekümmert? Wer war für uns da in den verschiedenen Phasen, auf den verschiedenen Stufen unserer Lebensreise?

Ganz früh war es unsere Mutter und unser Vater oder vielleicht eine Tante, ein Onkel oder unsere Großeltern. An sie werden wir uns erinnern, aber vor ihnen erstrecken sich Generationen von Müttern und Vätern, in denen die Muster und Modelle zu lieben sich entwickelt haben. Wir neigen dazu, so zu lieben, wie wir geliebt worden sind. Genauso wie die Art und Weise, in der wir uns in der Familie umeinander kümmern, gibt es Muster oder Modelle des Humors, der Blickweisen oder Stile von Gefühlen und Beziehungen, die von einer Generation an die nächste weitergegeben werden. Freilich ist auch die andere Seite wahr: Modelle und Muster der Vernachlässigung und der Gewalt können ebenso vererbt werden.

In seinen *Bekenntnissen* spricht Augustinus davon, dass wir in uns ein Lagerhaus oder ein Heiligtum voller Erinnerung tragen. Darin befindet sich alles, was wir je erfahren oder im Leben gelernt, alles, was wir gesehen oder empfunden haben. Er sagt, es gebe für jede besondere Erinnerung eine Tür, die geöffnet werden muss, damit die Erinnerung in die Gegenwart kommen kann. Manchmal brechen Erinnerungen aus unserer Kindheit aus solchen Türen herein, beinahe wie aus eigenem Antrieb. Zu anderen Zeiten müssen wir hart arbeiten, um sie zu uns zu rufen und mit Absicht hervorzuziehen. Tiefer noch als Erinnerungen an das, was wir erfahren und gelernt haben, sagt Augustinus, liegen die in den tiefsten Schlupfwinkeln der Seele versteckten Erinnerungen.[1] Aus diesen Tiefen kommt eine Art von Erinnerung, die nicht von unserer individuellen Lebenserfahrung oder unserem Lernen abhängt. Fast in Vorwegnahme neuzeitlicher Erkenntnisse über das Unterbewusste oder Unbewusste weist Augustinus auf eine innere Verbindung der Seele mit dem, was vorher war. Moderne Wissenschaft beschreibt dies im Sinn der Ganzheit des Lebens, sowohl des vergangenen wie des gegenwärtigen, wie ein Gewebe einander bedingender Beziehungen. Die neuere Physik geht ebenso wie die neuere Psychologie so weit zu sagen, dass das Leben und das Bewusstsein in uns eine Entfaltung dessen seien, was in der ursprünglichen Explosion der Materie enthalten war.[2] Die Ursprünge des Universums sind in einem bestimmten Sinn in uns allen gegenwärtig. Was vorher gewesen ist, lebt noch immer in uns.

Wir wissen nicht genau, was uns in unserer Familiengeschichte vorausgegangen ist. Wir haben vielleicht ein Gefühl dafür – obwohl es selbst hier vielleicht nur ein flüchtiger Eindruck ist –, wie zum Beispiel die Freundlichkeit einer Großmutter in uns als eine Quelle von Stärke und Beständigkeit in unserem Leben lebt. Doch vor ihr gab es Generationen, tausende von Männern und Frauen, deren Liebestaten die Wurzel bilden für vieles von dem, was wir sind. Es gab Generationen von Männern, die auf den Feldern schufteten und schwitzten, und von Frauen, die sich bei der Arbeit plagten – teilweise einfach aus einer Verpflichtung heraus, für ihre Familie zu sorgen. Es gab zärtlichen und leidenschaftlichen Umgang zwischen Mann und Frau, Empfängnis und Geburtsschmerz – alles Teil des Lebensstromes, der nun durch uns fließt. Genauso gab es die Fehler, den Verrat und die Grausamkeiten der Vergangenheit, die ebenfalls einen Platz im inneren Gedächtnis unseres Lebens einnehmen. Sie beeinflussen unsere Weise zu lieben oder in der Liebe zu scheitern.

Edwin Muir spricht in seinem Gedicht *Die Rückreise* davon, wie wichtig es ist, die Vorfahren herauszufinden, um diejenigen kennen zu lernen, durch die der Fluss des Lebens zu uns geflossen ist:

> Suche die Anfänge, lerne, von woher du kamst,
> und kenne die vielfältige Erde, aus der du gemacht.[3]

Einerseits können wir natürlich nicht viel über sie wissen, noch können wir Einzelheiten erfahren über den Geist, in dem sie lebten und liebten. Andererseits kann es aber ein wichtiges Bewusstsein dafür geben, dass wir in unserem Leben etwas von ihrem Leben tragen und dass ihr Einfluss, im Guten wie im Bösen, sich immer noch tief in uns auswirkt.

Wie geschieht es, dass wir lernen zu lieben und in einigen Fällen den Teufelskreis zerstörerischer Handlungsmuster zu durchbrechen, die wir aus der Vergangenheit empfangen haben? In Ergänzung zu den unbewussten Einflüssen in uns lernen wir großenteils durch Vorbild und durch Entscheidung. Erinnerungen an unsere Eltern, wie sie sich hinter dem Küchentisch umarmten, bleiben uns ebenso unzerstörbar aus der Kindheit erhalten wie Zeiten von Streit und Familienzwietracht. Kinder hören gerne Geschichten, was ihre Eltern taten, als sie jünger waren, und wie sie sich kennen und lieben lernten. Es ist so, als ob sie in sich die Modelle und Muster ausprobierten, wie sie selbst entscheiden werden, zu leben und zu lieben.

Im Johannesevangelium sagt Jesus, nachdem er den Jüngern die Füße gewaschen hat: »Liebet einander, wie ich euch geliebt habe.« Er lädt sie ein, seinem Beispiel zu folgen.

Auch in der Schöpfung finden wir eine Art Gedächtnis oder Instinkt, wie Liebe oder Fürsorge von einer Generation zur nächsten weitergegeben wird. Es wimmelt von Bildern aus der Welt der Vögel, wie sie geschäftig ihre Jungen versorgen, oder der Bärenmütter, wie sie, Generation um Generation, grimmig ihr Junges verteidigen. Wir kennen solche Instinkte in uns selbst in Bezug auf unsere Kinder und Familie. Wie verhalten sich diese naturgegebenen Muster eines Schutzverhaltens zu Christi Aufforderung, einander zu lieben, wie wir geliebt sind?

Es hat in der westlichen Christenheit die Neigung gegeben, den »Schöpfer« vom »Erlöser« zu trennen und damit Natur von der Gnade. Obwohl man die Schöpfung als Geschenk Gottes anerkannte, wurde sie zugleich als durch einen wesenhaften Riss beschädigt angesehen. Gnade verstand man darum nicht als etwas, das mit dem, was natürlich ist, zusammenwirkt, sondern als etwas, das ihm entgegengesetzt ist. Das Neue Testament hält dagegen Schöpfung und Gnade in einer spannungsvollen Beziehung. Christus ist der *Eine*, »in dem alles erschaffen wurde«[4]; und darum ist alles, was geschaffen wurde, wesenhaft gut. Zugleich wird Christus beschrieben als der *Eine*, der uns »frei gemacht hat vom Gesetz der Sünde«[5]; und darin ist unser Gutsein vorausgesetzt als eines, das gebunden oder unterdrückt ist.

Das Verlangen nach Liebe und Hingabe wurzelt tief in dem Bild, nach dem wir geschaffen sind. Wenn wir lieblos oder treulos sind, dann entsprechen wir nicht unserem tiefsten und wahren Selbst. Tiefer aber als jedes Fehlgehen reichen Gottes Bild in uns und die Sehnsucht zu lieben. Es mag so überdeckt sein, dass es verloren scheint – aber es ist da. Gnade bedeutet, dass wir diese Tiefe wiederentdecken und ihr entsprechen. Christi Erlösungswerk dient dazu, uns zu retten aus dem, was unwahr ist, und uns dazu zu befreien, unserem Selbst zu entsprechen. Wenn die Kirche diese Perspektive wiedergewönne, dann könnte ihr Dienst an Wort und Sakrament als Befreiung dessen angesehen werden, was wir in Wahrheit sind, anstatt so oft als Gegnerschaft zu allem Natürlichen zu gelten.

Dies bedeutet nicht, naiv gegenüber der entstellenden Macht des Bösen zu sein. Vielmehr bedeutet es, zu glauben, dass tiefer als jede Falschheit die Wahrheit dessen reicht, was in uns ist. Die Gnade ist uns gegeben, damit wir heimkehren zu uns selbst.

Die Gnade der Hingabe regt sich am machtvollsten während unserer mittleren Lebensjahre. Sie ist eine Gabe, die in uns die Suche weckt nach dauerhafter Beziehung und gemeinsamem Leben. Sie entzündet in uns die Sehnsucht nach Hingabe an Ehe und Familie zum Beispiel oder an eine Arbeit und an weiterreichende Beziehungen und Verantwortlichkeiten.

Die Gnade der Hingabe trifft natürlich nicht auf eine Leere, sondern auf den Zusammenhang der Gnadengaben, die wir schon empfangen haben: Während der Kindheit haben wir auf Notsituationen oft geantwortet mit einer Reinheit unserer Absichten. Ich erinnere mich, wie mein Sohn, nachdem er schwarze Studenten des *ANC (African National Congress)* aus Südafrika getroffen und die Geschichten ihres Kampfes gehört hatte, sich entschloss, dem damaligen Präsidenten de Klerk einen Brief zu schreiben. Der Brief sagte einfach: »Stoppen Sie die Verletzungen!« Die Gnade der Hingabe ist dazu da, dass wir auf solcher Reinheit des Verlangens aufbauen. Sie ist uns gegeben, damit wir uns selbst auferlegen, dafür zu arbeiten. Ebenso wie das Erwachen der Jugendjahre oder die Leidenschaft unserer frühen Erwachsenenjahre ist die Gnade der Hingabe uns geschenkt, damit wir dem Guten, das sich bereits in uns entwickelt hat, dienen oder es ausweiten. In früheren Jahren waren wir vielleicht freundlich und großzügig, wenn uns danach war oder die Umgebung dazu förderlich war. In der Mitte des Lebens werden Augenblicke kommen, in denen wir mit viel bewussterer Absicht unsere Wahl treffen müssen, ob wir eine Verpflichtung der Hingabe eingehen werden oder nicht – an unsere Kinder und unseren Partner oder an unsere Arbeitsstelle und die Gesellschaft oder an die tiefsten Wahrheiten in uns.

Hingabe an die Wahrheit in uns ist der Ausgangspunkt, um der Wahrheit verpflichtet zu sein, die ebenso in anderen ist. »Liebe deinen Nächsten wie dich selbst«, sagt Jesus.[6] Unachtsam gegenüber dem zu sein, was in uns ist, oder es zu vernachlässigen untergräbt unsere Versuche, andere zu lieben. Wenn wir nicht achtsam gegenüber dem *Selbst* sind, das in unserem Selbst und dem Selbst aller ist, welche Reichweite kann dann unsere Selbsthingabe haben?

Dies bedeutet natürlich nicht, dass wir jemals genug an Achtsamkeit für das *Selbst Gottes* in uns erreichen. Es bedeutet aber, dass wir in dem Maß, wie wir solcher Achtsamkeit Zeit und Aufmerksamkeit schenken, in unserer Einsicht in die Heiligkeit wachsen werden, die in anderen ist. Nicht nur Heiligkeit entdecken wir freilich im Innern, sondern auch Verwirrung und Scham. Die Übung der Achtsamkeit und die dauerhafte Befriedigung, mit unserem wahren Selbst wieder verbunden zu sein, werden jedenfalls weiterhin in uns das Verlangen und die Entschlossenheit entzünden, uns anderen verbindlich hinzugeben.

Der Entschluss, sich hingeben zu wollen, der auf das Geschenk der Liebe antwortet, ist eine freie Entscheidung. Wenn sie einmal getroffen ist, gibt es die Übung der Liebe, die verbindliche Hingabe, auch wenn wir uns nicht notwendigerweise danach fühlen. Zum fünften Mal in der Nacht für ein unruhiges Kind aufzustehen, um bei ihm zu sein, schließt ein, dass wir eine Entscheidung getroffen haben. Geduldig und verständnisvoll mit der Familie oder mit Freunden zu sein, wenn sie uns frustrieren oder enttäuschen, fordert einen bewussten Willensakt von uns. Ebenso schließt Treue in jeder Form von Beziehung, ob unserem Partner gegenüber, unseren Gemeinschaften oder der Schöpfung selbst, ein, eine Entscheidung zu treffen und eine Wahl, unsere Hingabe und Verpflichtung zu erneuern.

Dies alles scheint Hingabe zu einer schweren Aufgabe zu machen, die sie zum Teil auch ist. Aber sich immer wieder für die Wahrheit und für die Liebe zu entschließen trägt eigene Früchte, auch wenn die Sache, der wir uns verpflichtet haben – etwa Frieden zu schaffen oder eine gerechte Gesellschaft zu bauen – auf einer äußeren Ebene ohne Erfolg scheint. Eine vertrauensvolle Antwort auf die Gnade der Hingabe und Verpflichtung, ohne Rücksicht auf das Ergebnis, nährt in uns die Stärke und Ausdauer unseres Charakters, die nicht einfach zu messen sind. Lasst uns jedenfalls erkennen, dass wir wiederhergestellt werden zu unserem tiefsten und wahren Selbst, wenn wir der Gnade der Hingabe folgen.

Wenn das Verlangen, sich hinzugeben und verbindlich einzusetzen, an erster Stelle aus der Liebe geboren wurde, dann ist es wichtig, dass wir Wege finden, wie wir uns zur ursprünglichen Frische unserer Liebe zurückrufen lassen. Andernfalls wird Hingabe eher zur lästigen Pflicht, als dass sie eine Erfüllung dessen wäre, was zutiefst in uns ist.

Im Neuen Testament sieht Johannes, dass im Herzgrund Gottes Liebe ist und tiefer reicht als alle Bedrängnisse, deren Urheber er auch ist. Der *Eine*, der der Anfang und das Ende ist, lobt die Gemeinde in Ephesus für ihre Hingabe an treuen Dienst und ihr Durchhalten: »Ich werfe dir aber vor, dass du deine erste Liebe verlassen hast. Bedenke, aus welcher Höhe du gefallen bist.«[7]

Wie können wir die Stärke am Leben erhalten, mit der sich unsere Liebe zur Hingabe entschieden hat, was auch immer geschehen möge? Denn einander zu lieben wird uns ebenso durch Leiden wie Freude führen. Da ist der Schmerz einer Mutter, die ihr sterbendes Kind in den Armen hält und weiß, dass die Jahre ihrer liebevollen Hingabe an das Kind den Schmerz nur vergrößert haben, den sie jetzt fühlt, da sie das Kind verlieren wird. Dasselbe kann aus jedem Verlust heraus gesagt werden, wo es Verpflichtung und Hingabe gegeben hat, ob in einer Beziehung oder in innerer schöpferischer Tätigkeit. Wie haben beispielsweise all jene, die ihren Kampf für die Befreiung Südafrikas jahrelang durchhielten, die Lebendigkeit ihrer Verpflichtung im Angesicht so vieler Rückschläge frisch und kraftvoll halten können?

War es nicht zum Teil aus dem Grund, dass sie wussten: Hingabe braucht nicht nur die Arbeit, sondern auch das Fest? Die Bilder so vieler singender und tanzender Menschen, die zur gleichen Zeit wussten, was ihr Durchhalten kosten würde, weisen einen Weg, wie die Quellen der Hingabe und Verpflichtung in uns lebendig gehalten werden können. Ob in unserem persönlichen Gebetsleben oder in unseren persönlichen oder gemeinschaftlichen Beziehungen: Wir müssen, um unser Werk der Liebe aufrechterhalten zu können, immer wieder zur Freude zurückkehren, die im Herzen der Hingabe wohnt.

Nicht nur in Situationen von Verlust und andauerndem Kampf muss die Gnade der Hingabe erneuert werden, sondern auch in Situationen des Scheiterns, wenn wir andere im Stich gelassen haben oder sie uns. Vielleicht kommt der größte Schmerz in gescheiterten Beziehungen aus dem Zerbrechen unserer Erwartungen. Wir müssen uns fragen, warum wir eigentlich annehmen, dass andere uns nicht in der einen oder anderen Weise enttäuschen. Warum fühlen wir uns an manchen Punkten unseres Lebens so erschüttert, wenn andere in ihrer Verpflichtung uns gegenüber oder in der Hingabe an eine gemeinsame Sache versagen? Wissen wir nicht in unserem Inneren, dass wir alle, in größerem oder kleinerem Maße, in der Liebe versagen?

All unser Vertrauen auf die Hoffnung zu setzen, dass bestimmte andere uns niemals enttäuschen werden, bedeutet, auf unsicheren Fundamenten zu bauen. Die Wahrnehmung, dass ganz so, wie wir in der Liebe versagt haben, die anderen, in verschiedenen Graden, ebenfalls versagen, sollte uns dazu befreien, die Frage zu stellen, wo letztlich unsere Sicherheit in der Liebe begründet sein könnte. Wenn wir bei dieser Frage darauf beharren, dass unsere Liebe in der Liebe unseres Ehemanns oder unserer Ehefrau, der Mutter, des Vaters, Freundes oder Verehrers gründet, dann werden wir alle auf einer bestimmten Ebene oder einer bestimmten Stufe enttäuscht werden. Der Blickwinkel, der sich durch die ganze Heilige Schrift durchzieht, ist vielmehr, dass Gott allein der nie versagende Liebende unserer Seele ist: »Wenn mich auch Vater und Mutter verlassen, der Herr nimmt mich auf«, heißt es im Psalm.[8]

Die spanische Mystikerin des sechzehnten Jahrhunderts Teresa von Ávila sieht in ihrem großen Werk *Die innere Burg*[9], dass es in dieser

Seelenburg viele Räume gibt, die wir durch das Gebet betreten können. Einige Räume sind erschreckend, und in ihnen scheinen Zweifel und Versagen zu spuken. Im Zentrum der inneren Burg aber befindet sich – wie Teresa sagt – die »Kammer der Gegenwart«. Dort wohnt Gott auf ewig und lädt uns ein einzutreten. Sie ist wie eine Liebeskammer oder ein Hochzeitsgemach, in welchem der *Eine*, der die Liebe ist, danach verlangt, wieder vereinigt zu sein mit uns im Herzgrund dessen, wer wir sind. Vielleicht haben wir den Pfad zu diesem Raum vergessen und vielleicht werden wir ihn nie völlig betreten diesseits des Todes; doch was uns von diesem Ort aus kund wird, redet von Gottes ewiger Zuneigung zu uns. Etwas von diesen Worten zu hören bedeutet, die Liebe zu kennen, in der wir auf ewig geborgen sind.

Es mag Menschen in unserem Leben gegeben haben, die etwas von dieser nie versagenden Liebe zu uns gehegt haben, Männer und Frauen, die wie lebendige Ikonen von Gottes Zuneigung gewesen sind. Etwas von dieser Liebe wird uns erreicht haben durch unsere Freunde und Freundinnen und unsere Liebespartner, wenn auch nahezu immer ordentlich durchmischt mit Versagen. Aber immer wieder einmal wird es zum Beispiel Großmütter gegeben haben oder heilige Männer und Frauen hier und da, die uns ohne jede Selbstsucht die Liebe vermittelt haben, die im Anfang war und die am Ende sein wird. Solche Menschen haben uns spüren lassen, dass wir auf ewig umsorgt sind, so, wie wir es ja tatsächlich sind.

So unwahrscheinlich es oft scheint, dass wir anderen davon etwas weitergeben können in unserem Leben: Lasst uns wach und aufmerksam sein für die Möglichkeiten, die uns geschenkt worden sind, Trägerinnen und Träger einer solchen nicht versagenden Zuneigung zu sein. Oft ist dies ein Merkmal der Beziehung eines älteren Menschen zu denen, die viel jünger sind.

Ein alter Mann erzählte ein Beispiel einer solchen Beziehung aus seiner Kindheit: Er hatte eine furchtbare Sauerei auf den frisch gestrichenen Wänden des Elternhauses veranstaltet. Als sein Vater nach Hause kam und die Großmutter ruhig die Wände abwaschen sah, fragte er ärgerlich, ob der Junge das gewesen sei. Die Großmutter antwortete: »Würde ein Enkel von mir so etwas tun?« – Ein anderes Beispiel ist die Geschichte eines Mädchens und ihrer Großtante: Wenn die Dinge zu Hause schwierig lagen, hastete es den Pfad entlang zum Haus seiner Großtante, wo es einen Platz nur für das Mädchen gab. Auch wenn die Tante ausgegangen war: Dieser Raum war unverschlossen; und über dem Bett in der Ecke des Raumes hing ein Körbchen mit Kleinigkeiten zum Naschen, das nur das Mädchen und ihre Großtante kannten. – In solchen Menschen erblicken wir etwas von der bedingungslosen Liebe Gottes. Wie der Vater im Gleichnis vom verlorenen Sohn weiß diese Liebe, was wir an Unrecht getan haben; aber sie schaut tiefer als das Unrecht und wartet voll Verlangen auf unsere Heimkehr. So ist der *Eine*, der in seiner Schöpfung großzügig seine Sonne aufgehen lässt über Bösen und Guten und es regnen lässt über Gerechte und Ungerechte[10] und dessen unauslotbare Tiefe des Erbarmens sich widerspiegelt in Jesu Worten am Kreuz: »Vater, vergib ihnen; denn sie wissen nicht, was sie tun.«[11]

Wie können wir so lieben? Menschen, die etwas von dieser Liebe vermittelt haben, sind in gewissem Sinn Menschen, die nicht länger auf sich selber schauen. Sie müssen sich nicht länger beweisen noch streben sie danach voranzukommen. Was hat ihnen so viel Selbstvertrauen gegeben, dass sie bedingungslos lieben können? Ist es nicht ein Wissen, dass sie zutiefst geliebt sind und dass sie – sogar mit ihrem Versagen – liebenswert sind? Bei Jesus war es die Gewissheit, von Gott geliebt zu sein, und das Vertrauen, dass er die Schönheit von Gottes Bild in sich trug. »Ich und der Vater«, sagt er, »sind eins.«[12] Jesu Worte des Einsseins mit Gott weisen auf das hin, was auch für uns im tiefsten Sinne wahr ist. Wenn wir im Herzgrund dessen, wer wir sind, beginnen, um diese Einheit zu wissen, desto weniger haben wir es nötig, nur auf uns selbst zu schauen. Wir lernen eine Freiheit von der Knechtschaft kennen, immer und immer den Beifall der anderen zu suchen.

Während einer Mittagspause in der Benediktiner-Kommunität Shantivanam in Südindien träumte ich, dass eine wunderschöne Frau zu mir kam und sagte: »Meine Mutter erzählt mir, dass ich dich immer geliebt habe.« Dieser einfache Traum brachte mir in persönlicher Weise einen neuen Sinn für die Tiefe der Liebe ins Bewusstsein. Ob die geheimnisvollen Worte nun auf jene Liebe hinweisen, die zu mir durch den mystischen Leib der *Kirche* gekommen ist, oder auf die Bedeutung der Liebe, die aus dem Unbewussten zu mir aufgestiegen ist: In seiner Einfachheit sprach der Traum zugleich von einer universalen Wahrheit: Wir sind, jeder Einzelne, im Grunde unseres Seins geliebt. Um diese Wahrheit zu wissen kann uns frei machen, einander zu lieben, wie wir geliebt sind.

ÜBUNG

Sitze bequem, aber aufrecht und wach und beginne, schweigend die Worte Jesu zu wiederholen:

LIEBT EINANDER, WIE ICH EUCH GELIEBT HABE

Lass die Worte gleichzeitig mit deinem Atem fließen. Während du einatmest, sprich: »Liebt einander ... » Lass die Worte von tief innen ausströmen und aufsteigen, bis sie deine volle Aufmerksamkeit haben. Sie werden dir zugesprochen von dem *Einen*, der der Anfang und das Ende ist und der im Herzgrund des Lebens wohnt. – Während du ausatmest, vervollständige den Satz: »... wie ich euch geliebt habe.« Lass diese Worte unmittelbar zu dir sprechen. Wisse, dass du geliebt bist, seit du im Schoß deiner Mutter gebildet wurdest, und dass du immer geliebt sein wirst.

~

Erinnerungen und Bilder, wie du geliebt worden bist und wie du selbst geliebt hast, werden dir in den Sinn kommen. Nimm sie zur Kenntnis und empfange sie, ohne dich auf den bloßen Bereich von Gedanken einschränken zu lassen. Vor allem anderen sei offen, die Gegenwart der *Liebe* zu spüren. Gottes Liebe kann nicht verstanden werden. Aber sie kann erfahren werden. Erlaube dir, tiefer zu gehen, als Gedanken reichen, um durch die Erfahrung einer Liebe erneuert zu werden, die ewig währt.

~

Nach fünfzehn Minuten Meditation beginne, das Verlangen deines Herzens in einem Gebet an Gott auszudrücken. Unser tiefstes Verlangen richtet sich auf Liebe in ihrer ganzen Wahrheit, auch wenn es vielleicht oft von falschen und wirren Verlangen verhüllt ist. Gib der Sehnsucht eine Stimme, die am tiefsten deiner inneren Wahrheit entspricht. Drücke sie aus, für dich und für die Welt. Schließe, indem du das Vaterunser betest.

~

6 Alter und Weisheit

»Und der Heilige Geist ruhte auf ihm.«

Lukasevangelium 2,25

Wir alle haben schon einmal ein kleines Kind in den Armen eines alten Mannes oder einer alten Frau gesehen. Haben wir in solchen Augenblicken nicht empfunden, dass zwischen sehr alten Menschen und sehr jungen eine Verbindung ist, die viel tiefer reichen kann als eine zwischen Menschen zweier anderer Phasen oder Stufen des Lebens? Zum Teil liegt der Grund darin, dass sie in ihrer Nähe zur Geburt am einen Ende der Skala und zum Tod am anderen Ende auf einer Art gemeinsamem Boden stehen. »Nackt kam ich hervor aus dem Schoß meiner Mutter, nackt kehre ich dahin zurück«, sagt Ijob.[1] Die Bilder vom Lebensanfang und vom Lebensende verschmelzen, wenn sich die Jungen und die Alten begegnen.

Tiefer noch hat der Evangelist Lukas diesen Zusammenhang in seiner Erzählung von der Darstellung des Christuskindes im Tempel zu Jerusalem gezeichnet. Der alte Simeon – ein gottesfürchtiger Mann, auf dem »der Heilige Geist ruhte« – ist für das Lukasevangelium derjenige, der das Licht erkennt, das in dem Kind ist. Er nimmt es in die Arme und lobt Gott. Ebenso erkennt die »hochbetagte« Hanna – im Lukasevangelium beschrieben als eine Frau, die »Tag und Nacht« im Tempel betete – viel tiefer, als ein Auge von außen zu sehen vermag, die Hoffnung, die mit diesem Kind geboren ist. Es ist kein Zufall, dass ein alter Mann und eine alte Frau als Menschen des Gebets diejenigen sind, die das Geheimnis sehen können. In ihrem Alter ist ihnen die Gnade der Weisheit geschenkt; und – wie das Matthäusevangelium in der Geschichte von den Weisen aus dem Morgenland, die zum Christuskind geführt wurden, erzählt[2] – es sind die Weisen, die sehen können, was andere nicht sehen.

Was ist mit der Gnade der Weisheit gemeint? Zum Teil ist es eine Weise zu sehen oder zu verstehen, die aus Erfahrung wächst. Die Weisheitstradition des Alten Testamentes sieht sie als eine Gnade an, die über alle Geschöpfe ausgegossen ist[3], besonders ausdrücklich aber in jenen wird, deren Verstehen angereichert ist durch Erfahrung.

Der Weise, sagt Salomo, »kennt das Vergangene und errät das Kommende«.[4]

Das bedeutet nicht, dass alle Erfahrenen weise sind. Wir wissen von alten Männern und Frauen, die sich in ihrer Engstirnigkeit und Bitterkeit der Gnade der Weisheit verschlossen haben. Mit finsterem Blick auf das Leben, argwöhnisch, werden sie zu bissigen, schlechtgelaunten Nörglern.

Auch bedeutet es nicht, dass Weisheit sich nur in alten Menschen herausbildet, denn wir sehen Spuren von ihr bei Menschen nahezu jeder Phase oder Stufe des Lebens. Abgesehen vom Alter, finden wir gerade bei ganz jungen Menschen Anzeichen von Weisheit. Sie sind vielleicht Ausdrucksformen dessen, was Paulus das »Törichte« der Weisheit nennt.[5] Die meisten von uns werden sich an kleine Kinder erinnern, die viel tiefgreifender auf die Geheimnisse des Lebens deuten als unser Streben nach Tiefe im späteren Leben.

Ein kleiner Junge fragte seine ältere Schwester einmal, wo Gott sei. »In unserem Herzen«, sagte sie, worauf der Junge zunächst etwas verwirrt dasaß, dann aber antwortete: »Dann macht Gott: bum, bum, bum.« Gott: der eigentliche Herzschlag des Lebens. Gibt es einen tiefgründigeren Kommentar für das Geheimnis, in dem wir leben?

Nach den Überlieferungen der Weisen wird Weisheit zugleich mit uns im Schoß unserer Mutter geboren.[6] Wie frustrierend muss es erscheinen, von Geburt an so ausgestattet zu sein und in unseren jungen Jahren Aspekte der Weisheit widerzuspiegeln, um dann fünfundneunzig Jahre warten zu müssen, bis wir sie wiederentdecken! Die Wahrheit der Evangelien ist natürlich, dass wir keineswegs so lange warten müssen. Weisheit ist tief in uns eingepflanzt, da wir geschaffen sind nach dem Bild des *Einen*, der Weisheit ist.

Die Gnade der Weisheit regt sich in uns in allen Phasen oder Stufen des Lebens. Sie gleicht einem Dornröschen, das immerzu darauf wartet, wachgeküsst zu werden. Wie kann das geschehen, dass die Gnade der Weisheit in uns erwacht und in unserem Leben zum Ausdruck kommt?

Der Heilige Geist, so heißt es im Lukasevangelium, »ruhte« auf Simeon. Auch wenn der Heilige Geist gewöhnlich als aktiv beschrieben wird – brausend wie Wind und Wasser oder flammenzüngelnd wie Feuer –, ist das Wort, das hier gebraucht wird: Er »ruhte« auf ihm. Das deutet darauf hin, dass bei manchen alten Menschen eine gewisse Leichtigkeit und Entspanntheit des Lebens eintritt. Manchmal beobachten wir bei ihnen so etwas wie eine Rückkehr des Spielerischen, eine größere Freiheit zu lachen, über sich selbst und über die Dummheiten des Lebens. »Wer die Weisheit liebt, liebt das Leben«, sagt das alttestamentliche Buch Jesus Sirach.[7]

Manches von dieser schieren Daseinsfreude findet nach der Kindheit nicht viel Gelegenheit zur Entfaltung: Aber wenn Menschen im Alter die geschäftigen Verantwortlichkeiten und das Empfinden der eigenen Wichtigkeit, das für die mittleren Lebensjahre kennzeichnend sein kann, loslassen, werden sie befreit, einfach zu *sein*, statt das Gefühl zu haben, dass sie andauernd etwas *tun* müssten.

Im »*Lied für Simeon*« gibt T. S. Eliot jener Leichtigkeit der Lebenshaltung Ausdruck, die einen weisen alten Menschen kennzeichnet:

> Mein Leben ist leicht, es wartet auf den Todeswind,
> wie eine Feder auf meinem Handrücken.[8]

Wir alle erinnern uns wohl an alte Männer und Frauen, die den Tag über ihr Nickerchen machen – Bilder vom Loslassen, das in diesem Leben gerade geschieht. Eine meiner farbigsten und wiederkehrenden Erinnerungen ist die an eine Feier des Sankt-Andreas-Tags in Edinburgh (Der Apostel Andreas ist der Nationalheilige der Schotten). Die alten schottischen »Ritter der Distel« oder »Andreas-Ritter«, gewandet in ihre dunkelgrünen samtenen Umhänge, schreiten würdevoll zu ihren Sitzen in der Vierung der Kathedrale, nur um zur Predigt umgehend in tiefen Schlaf zu sinken. Wer in seinen frühen Jahren tätig und aktiv gewesen ist, dem steht das Recht zu, am Abend des Lebens ein Nickerchen zu machen.

Das Loslassen, das diese letzten Jahre kennzeichnet, ist auf je verschiedene Weise auch während der unterschiedlichen Phasen des Lebens vonnöten. Nur so werden bestimmte Züge dessen, wer wir sind, freigesetzt.

Auf der äußeren Ebene muss es ein Loslassen geben – oder eine gewisse innere Entspannung –, um Raum zu schaffen für neue Sichtweisen und damit tiefe schöpferische Kräfte sich herausbilden. Auf einer Ebene bedeutet das ein Sterben, um auf einer anderen ein erfüllteres Leben zu ermöglichen. Manchmal kommt uns eine neue Erkenntnis gerade dann zu Bewusstsein, wenn wir ganz besonders entspannt sind. Oft handelt es sich dabei um eine Einsicht in Bezug auf unser Leben oder unsere Arbeit, die sich nicht herausgebildet hätte, wären wir nur aktiv bei unseren Beschäftigungen geblieben. Dieses Sterben im Äußeren, um etwas von innen her freizusetzen, ist ein Kennzeichen der großen Überlieferungen des Gebets und der Meditation. Es ist ein äußerliches Stillwerden, um achtsamer für die innere Wirklichkeit des Geistes zu sein.

Als ich einmal einen alten Benediktinermönch fragte, was er tue, antwortete er mit einem Lächeln und sagte: »Nichts«. Derselbe Mönch sagte von sich selbst, dass er im Alter immer mehr immer weniger glaube. In Wirklichkeit tat und glaubte er weiterhin viel – aber der Wert dessen, was er tat und glaubte, wurzelte nicht in irgendeiner äußeren Stellung oder Anforderung, sondern in der einfachen Praxis des Stillseins. Seine Hingabe an das Leersein vor Gott gab ihm seine innere Gewissheit und Stärke und Sicherheit.

Dieses gelassene Loslassen des Äußeren ist ein typisches Merkmal der Alten und Weisen, das sie aus engstirnigen Vorurteilen und religiöser Voreingenommenheit lösen kann. Sie sind frei geworden, hinzuschauen und zu antworten in einer Weise, die nicht vorgegeben und unerwartet ist. Zum Teil war es diese Freiheit, die es Simeon und Hanna ermöglichte, das Licht des Christuskindes zu erkennen. Ihre Sicht war tiefer und weiter als die herkömmliche Erwartung, die davon ausging, dass das Kommen Gottes in Macht und äußere Herrlichkeit gewandet sei. Simeon hatte sich nach der Wiederherstellung Israels gesehnt. Es war die Gnade der Weisheit, die ihn befähigte zu sehen, dass in diesem unerwarteten und unbekannten Kind die Erlösung gekommen war.

Nichtstun ist selbstverständlich nicht notwendigerweise ein Wert in und für sich selbst; denn es gibt ja durchaus so etwas wie eine fruchtlose Zeitvergeudung. Man kann sehr aktiv darin sein, nichts zu tun. Aber Simeon und Hanna in der Geschichte aus dem Lukasevangelium sind alte Menschen, die durch ihr »Nichtstun« tiefer hinschauen und wahrnehmen. Als Witwe ist Hanna von bestimmten äußeren Verantwortlichkeiten frei und verbringt stattdessen ihre Zeit Tag und Nacht im Tempel. Wie Eliot sagt, geht es darum, den Sinn und das Beschäftigtsein mit dem Äußeren abzustreifen, um »den Punkt, wo sich Zeitloses schneidet mit Zeit, zu erkennen.«[9] Darum ging es bei der Darbringung des Christuskindes im Tempel – und Hanna sah. Nicht mehr beschäftigt mit Äußerem, war sie wach und aufmerksam, die Gegenwart des Unsichtbaren mitten im Sichtbaren zu sehen. Wie bei den keltischen Ornamenten Geist und Materie in ihrer Mischung durch die untrennbar miteinander verwobenen Linien dargestellt sind, so erkannte Hanna in den Ereignissen eines bestimmten konkreten Augenblicks eine ewige Gegenwart.

Es gibt Männer und Frauen, die, indem sie Geschäftigkeit und Belastungen loslassen, beginnen, sich Dimensionen des Lebens bewusst zu werden, die sie vorher nicht bemerkt oder denen sie sich nicht verpflichtet gefühlt haben. Eine alte Schottin, eine presbyterianische Christin von über neunzig Jahren, nahm die tägliche Übung an, in die St. Giles-Kathedrale von Edinburgh zu gehen, um dort zu schweigen und eine Kerze als Zeichen ihres Gebets anzuzünden. Viele Presbyterianer haben nie eine Kerze in der Kirche gesehen, geschweige denn, dass sie die Übung annehmen würden, täglich eine zu entzünden. Aber das bewirkt die Größe des Geistes in den Weisen: dass sie die Beschränkungen des Herkommens überwinden. Als jene Frau eines Tages von einem Besucher gefragt wurde, ob sie in dieser Welt mit so viel Unrecht und Verwirrung glauben könne, dass es einen Gott gäbe, antwortete sie: »Ich *glaube* nicht, dass es Gott gibt. Ich *weiß*, dass es Gott gibt.« In gewissem Sinne hat nur eine alte Frau, die Tag für Tag betet, das Recht, mit solcher Gewissheit zu sprechen. Andererseits ist sie mit ihrer täglichen Übung des Schweigens ein Zeichen dafür, was wir alle je auf unsere Art zu entdecken haben, wenn wir den Blick der Weisheit wiedergewinnen wollen.

Die frühe Kirche ermutigte die Alten und besonders die Witwen, eine größere innere Verantwortung zu übernehmen, wenn ihre äußeren Verantwortlichkeiten geringer geworden waren. Eine Witwe galt als jemand, die in der Lage war, sich dem Gebet hinzugeben – nicht nur für sich selbst, sondern auch im Auftrag und in den Anliegen der Kirche, ja für das Heil der Welt. Dies war eine große Berufung, die spät im Leben eintreten konnte. Etwas davon ist durch die Jahrhunderte in den kontemplativen Orden der Kirche bewahrt worden: Männer und Frauen, die für die Kirche und die Welt beten. Verloren gegangen ist aber der Sinn dafür, dass wir alle eine Berufung zum Gebet haben und dazu, diese zu leben auf verschiedene Weise während der verschiedenen Phasen oder Stufen des Leben.

Die Art des Gebets einer jungen Mutter wird sehr verschieden sein vom Gebet einer alten Frau. Die verfügbare Zeit ebenso wie der Raum werden wahrscheinlich völlig unterschiedlich sein. Eine Frage, die wir uns in jeder Lebensphase zu stellen haben, lautet: Wo ist der Andachtsraum in meinem Leben; wann ist Zeit, wo ist Platz, um wenigstens ein paar Minuten ins Schweigen einzutreten? Das kann an einem Fenster oder in einer stillen Ecke unseres Hauses sein. Es kann im Garten sein, im Park, ja sogar während einer Zugfahrt. Wie immer unser Zeitplan und unsere Verantwortlichkeiten aussehen: Wir haben Zeiten und Räume zu finden, wo wir in das eintreten können, was Eliot »den ruhenden Punkt der kreisenden Welt« nennt.[10] Dies ist der Ort, aus dem alles Leben gekommen ist und an dem wir wiederhergestellt werden zu unserem wahren Selbst. Die umtriebige Geschäftigkeit unseres Lebens, sagt er,

> Führt uns zur Kenntnis der Bewegung, nicht des Stillstands;
> Kenntnis der Sprache, nicht des Stillschweigens;
> Kenntnis der Wörter, Unkenntnis des Worts.[11]

Immer wieder zum »ruhenden Punkt« zurückzukehren bedeutet, dass wir uns daran orientieren, was im Höchstmaß wirklich ist, und dass wir befreit werden von beschränkten Verhaftungen an das Äußere.

Es ist nicht besonders überraschend, dass unsere westliche Welt, gekennzeichnet durch einen Materialismus von Aktivität und Geschäftigkeit, auch eine Welt ist, die an vielen Stellen aufgehört hat, das Alter zu ehren. Was allerdings überrascht ist das Ausmaß, wie sehr wir uns vormachen, dass wir immer jung bleiben! Wie der alttestamentliche Weisheitslehrer dazu weise bemerkt: »Beschimpf keinen alten Mann, denn auch mancher von uns wird ein Greis.«[12]

Solange der Wert eines Menschen hauptsächlich vom Äußeren abhängig gemacht wird, davon, was einer besitzt, wie einer aussieht, was einer tut – wo ist da Raum für die Alten? Die Art und Weise, mit der sie an den Rand gedrängt werden, aus der Mitte dessen, was in unseren Gemeinschaften und Familien als wichtig gilt, ist zugleich ein Zeichen dafür, wie das, was sie darstellen, abgelehnt wird. Das Alter ist mehrfach zu einem minderwertigen Daseinszustand herabgewürdigt worden, als Abstieg oder Fall aus der Fülle des Lebens. Wir haben die Frucht vergessen, die ein alter Baum tragen kann – eine Fülle abwerfend, die die Ernte der Jungen weit aufwiegt.

Der frühe keltische christliche Lehrer Pelagius denkt in einem Brief an einen älteren Freund über den Unterschied nach zwischen dem, was alte und junge Menschen zu bieten haben:

> Wir sollten zwischen aktiver Liebe und passiver Liebe unterscheiden. Aktive Liebe tut Gutes durch äußere und sichtbare Bewegung. Passive Liebe tut Gutes durch innere und unsichtbare Bewegung. Der junge Mensch dient anderen mit seinem Geist und mit seinem Körper; der alte Mensch dient anderen mit seiner Seele.[13]

Pelagius weist auf den Beitrag der Weisen hin als etwas, das tiefer reicht als aktives Tun und sogar als das Denken. Die Geschichte von dem alten Mann, der seine Sprach- und Bewegungsfähigkeit verloren hatte, aber nach wie vor einen tiefgehenden Einfluss auf die Menschen seiner Umgebung hatte, macht das anschaulich. Im Altenheim, in dem es viele andere gab, die noch äußeren Aktivitäten nachgehen konnten, war es dieser gelähmte alte Mann, um den sich die Menschen sammelten. Er strahlte durch seinen Geist ein Wohl-Sein und einen Frieden aus, der tiefer reichte als äußere Ausdrucksform.

Etwas von dem ist in der indischen Tradition der Wanderasketen (Sanyasi) bewahrt worden, nach der ein alter Mann im Herbst seines Lebens allen äußeren Anspruch auf Besitz und Familienstand aufgibt und nur mehr als Mann des Gebets auf die Wanderschaft geht. Im

Osten ist ein solcher Mann nicht durch das bezeichnet, was er tut, und nicht einmal durch das, was er sagt oder lehrt, sondern durch seinen Geist. Ebenso versammeln sich Menschen um einen Guru, einfach, um in seiner Gegenwart zu sein, und um in gewissem Sinn Frieden von ihm zu erlangen auf einer tieferen Ebene, als Worte es ausdrücken können. Wertschätzung für eine Weisheit zu entdecken, die tiefer reicht als Denken und aktives Handeln, ist eine große Aufgabe für unsere westliche Welt. Nicht weniger wichtig ist die Wiederentdeckung der Übung der Stille und des Schweigens, um achtsam zu werden für die Keime der Weisheit, die in unsere eigenen Tiefen einpflanzt sind.

Weise Männer und Frauen sehen hinter die Geschäftigkeit unserer Zeit und tiefer als die Vergötzung von äußerer Erscheinung und Besitz. Sie sehen die Dinge kommen und gehen wie ein Schatten oder, wie es im Buch der Weisheit heißt: »wie wenn ein Schiff durch die wogende Flut fährt: Ist es vorübergezogen, so ist von ihm keine Spur mehr zu finden, kein Pfad seines Kiels in den Wellen«.[14]

Sie haben es nicht nötig zu verbergen, wer sie sind, alt und faltig geworden; denn sie wissen, dass sie eine Schönheit in sich tragen, die tiefer reicht als Kosmetik und gereift ist durch viele Gezeiten des Lebens. Wir alle haben Erinnerungen an Gesichter von alten Männern und Frauen, die leuchten wie getrocknete Kastanien. Sie schämen sich nicht, sie selbst zu sein, wie Jesus Sirach sagt.[15] Sie zögern nicht, sich mit Worten gegen Unrecht zu wehren, wenn dazu die Zeit ist. Sie wissen auch, wann sie schweigen müssen, weil sie nichts zu sagen haben.[16] Sie haben es nicht nötig, die Fehler ihres Lebens zu verbergen, durch die sie innerlich gewachsen und stärker geworden sind. Sie haben es nicht nötig, auf allzu einfachen Antworten und auf sofortigen Lösungen zu bestehen; denn sie kennen das Geheimnis der Fülle der Zeit und haben die Geduld erworben, die mit dem Warten kommt.

Besteht darin nicht die Größe zum Beispiel eines Nelson Mandela heute – eine Weisheit, die geformt wurde durch Jahre der Geduld? Solche Weisheit der Alten ist wie ein großer Baum, der die Prüfung der Zeit überstanden hat. Er mag sowohl in sich wie auch äußerlich die Narben des Kampfes und der überstandenen Stürme tragen – seine mächtigen Äste aber gleichen Armen, die stark geworden sind durch Wurzeln, die tief in die Erde reichen. Große Bäume werden Heiligtümer und Orte der Erneuerung. Die Blätter eines solchen Baumes dienen der Heilung der Völker, wie der neutestamentliche Seher Johannes sagt.[17] Heilung wird unter uns geschehen, in unseren Gesellschaften, in unserer Welt, nicht einfach durch umtriebiges äußeres Handeln, sondern durch eine Anstrengung, die von der Tiefe der Weisheit im Sehen und Glauben getragen ist. Eine große Anzahl von Weisen, heißt es im Buch der Weisheit, ist Heil für die Welt.[18]

Wahrscheinlich eines der größten Vorbilder im zwanzigsten Jahrhundert, wie entspannte Ruhe im Inneren und äußeres Handeln zu verbinden ist, war der amerikanische Trappistenmönch Thomas Merton. Sein Beitrag zur Friedensbewegung war, darauf zu beharren, dass wir erst dadurch, dass wir dem Inneren Aufmerksamkeit schenken, dem Weg des Gebets und der Gewaltlosigkeit des Herzens, einen Sinn bekämen für das richtige Maß äußerer Aktion. Er sah, dass die Wurzeln von Gerechtigkeit und Frieden spiritueller Natur sein müssen, wenn sie dauerhaft und in das Ganze des Lebens eingebunden sein sollen. In der Spannung zwischen Aktion und Kontemplation, in der wir alle leben, ist es die Achtsamkeit für das Innere, die uns unterstützen und stärken wird, unser Leben gemeinsam zu verwandeln.

Der weise alte Mensch mit seiner Veränderung des Augenmerks von der äußeren zur inneren Realität lebt unter uns nicht als ein Zeichen für die Herabsetzung des Äußeren und des Körperlichen, sondern als eine Mahnung, dass im Herzgrund der Wirklichkeit Geist ist.

Zu sagen, alte Männer und Frauen seien wie schöne alte Bäume mit tiefen Wurzeln, bedeutet auch zu sagen, dass ihre Weisheit nicht an einem Tag oder über Nacht kam. Sie wurden, was sie sind, durch Jahre und Jahre in Offenheit gegenüber den Quellen göttlicher Weisheit in ihnen. Ihr weiser Geist im Alter ist eine Auswertung dessen, was sie über lange Zeiten gewesen sind. Inmitten der Geschäftigkeit der verschiedenen Lebensphasen haben sie Zeit gefunden, die innere Gnade der Weisheit zu nähren.

»Ich zog sie Zeptern und Thronen vor, Reichtum achtete ich für nichts im Vergleich mit ihr«, spricht Salomo im Buch der Weisheit. »Daher betete ich, und es wurde mir Klugheit gegeben; ich flehte, und der Geist der Weisheit kam zu mir.«[19]

ÜBUNG

In der Erzählung des Evangeliums nimmt Simeon das Christuskind in seine Arme und preist Gott: »Meine Augen haben das Heil gesehen.«[20] Es ist die Gnade der Weisheit, die ihn befähigt, in diesem kleinen Kind das Heil zu sehen. Simeons Worte können uns anleiten, über die Gnade der Weisheit zu meditieren, die uns allen geschenkt ist.

Finde eine bequeme und zugleich aufrechte, wache Sitzhaltung und beginne, das Gebet zu wiederholen:

MEINE AUGEN HABEN DAS HEIL GESEHEN

Manchmal kann es hilfreich sein, die Meditation zu beginnen, indem man die Worte laut ausspricht. »Meine Augen haben das Heil gesehen.« Mehr und mehr aber sprich sie schweigend in deinem Inneren. Du sprichst nicht zu jemandem, der fern von dir ist, sondern zu dem *Einen*, der dir näher ist als dein eigener Atem.

Entdecke einen Rhythmus für die Wiederholung der Worte, der zu dem deines Atmens passt. Dies kann helfen, deine Aufmerksamkeit konzentriert zu halten. Versuche, die Worte zu wiederholen, während du ausatmest: »Meine Augen haben das Heil gesehen.« Der Ort deines Heils ist tief in dir, dort, wo Gott wohnt. Dann, wenn du einatmest, sei dir bewusst, dass von jenem Ort herauf Wiederherstellung und Weisheit in dein ganzes Leben ausströmen können.

Nach fünfzehn Minuten, in denen du diese Worte betend wiederholst, beginne, Gott die Verlangen deines Herzens auszudrücken: Wonach suchst du am tiefsten für dein Leben und für die Welt? Drücke das einfach im Gebet aus. Schließe, indem du das Vaterunser sprichst.

7 Tod als Heimkehr

»Vater, in dein Hände lege ich meinen Geist.«
Lukasevangelium 23,46

Wie blicken wir auf jene Reise, die uns alle erwartet, und nicht nur uns, sondern alles, was geschaffen ist? »Alles, was von der Erde stammt, kehrt zur Erde zurück, was aus der Höhe stammt, zur Höhe«, sagt Jesus Sirach.[1]

Die keltische Gebetstradition der vor Schottland gelegenen *Western Isles* kennt zwei treffende Bilder für jene Reise: Das eine Bild vom Tod ist der »Fluss – kaum zu sehen«. Der Ausdruck spricht zum Teil von der unerkennbaren Dimension des Todes. Wir wissen nicht genau, was die Wasser des Todes für uns sein werden. Wir wissen nicht, wann wir in sie eintauchen und was genau uns auf der anderen Seite erwartet. Es gibt in uns eine Angst, häufig nicht so sehr vor dem Tod selbst, sondern vor dem Sterben, vor den Schmerzen und dem Kummer, die das Sterben begleiten.

Dass Jesus alte Glaubensworte eines Psalms zitiert (sie werden in der Überlieferung der Kirche im Nachtgebet der Komplet gesprochen) – »In deine Hände lege ich voll Vertrauen meinen Geist«[2] –, nimmt nichts von der Agonie, die er im Angesicht des Todes erfährt. »Nimm diesen Kelch von mir«, betet er im Garten Getsemani, als in Todesangst sein Schweiß wie Blut war, das auf die Erde tropft.[3]

Diese Verbindung – zu wissen, wohin man sich wenden muss, um Stärke zu finden, und gleichzeitig nicht den Schrecken zu leugnen, der einen angesichts des Todes befällt, – spiegelt sich in einem der keltischen Gebete um Schutz wider:

> O zärtlich geliebter Herr ...
> o lieber Herr ...
> ich suche dich voller Ernst ...
> ich suche dich unter Tränen ...
> dass du mich nicht verlässt
> im Erleiden meines Todes.[4]

Es gibt hier ein Verständnis davon, dass unser und jeder Tod im Licht von Christi Leiden verstanden werden kann. Der Menschensohn offenbart in seinem Leiden etwas von dem, was für alle Menschen auf ihrer Reise durch den Tod gilt.

Das zweite Bild aus der keltischen Überlieferung spricht davon, dass wir auf der anderen Seite des Todeswassers von den Heiligen des Himmels empfangen werden:

Möge jeder heilige Mann im Himmel,
Möge jede heilige Frau im Himmel,
Möge jeder Engel im Himmel
Dir die Arme entgegenstrecken,
Dir den Weg ebnen,
Wenn du dich aufmachst
Über den verborgenen Fluss;
Wenn du der Heimat zustrebst
Über den verborgenen Fluss.[5]

Es ist ein ganz ähnliches Bild wie das, in die Hände Gottes gelegt zu werden: den Armen derer anvertraut zu werden, die vor uns gegangen sind. Jesus Sirach schreibt: »Fürchte dich nicht vor dem Tod, weil er dir auferlegt ist. Denk daran: Vorfahren und Nachkommen trifft es wie dich.«[6]

Die Verbindung des Bildes vom Durchqueren dunkler Gewässer mit dem des Empfangenwerdens in den Armen der im Himmel wartenden Frauen spricht auch von einer Art Geburtsreise. Die heiligen Frauen erscheinen als die Hebammen, die uns dabei helfen, durch die Kontraktionen des Todes in das Leben hineingeboren zu werden.

Viele, die den Verlust von Sohn oder Tochter, Ehemann oder Ehefrau erfahren haben, haben den Übergang derer, die sie liebten, in den Tod auf einer tieferen Ebene als Geburtsreise erkannt. Der Tod gleicht einem Mutterschoß, der sich in die andere Dimensionen öffnet – sich ausweitend und grenzenlos. Fremd und furchterregend, ist der Tod gleichzeitig eine Reise in die »Frische der Morgendämmerung«, wie der irische Karmeliterpater Noel O' Donoghue sagt.

Wenn alles Sichtbare aus dem Unsichtbaren entsprungen ist, wie der Hebräerbrief sagt, dann ist der Tod die Heimkehr alles Sichtbaren in den unsichtbaren Bereich Gottes. Wir mögen uns nicht daran erinnern, wie es war, im Schoß unserer Mutter gewesen zu sein. Genauso mögen wir uns nicht daran erinnern, dass wir von Gott stammen, sagt Augustinus in seinen *Bekenntnissen*; dennoch sind wir aus Gott geboren und werden wir zu Gott zurückkehren. Alles Geschaffene befindet sich auf dieser Pilgerreise nach Hause. T. S. Eliot schreibt: Wir werden nicht nachlassen in unserm Kundschaften,

> Und das Ende unseres Kundschaftens
> Wird es sein, am Ausgangspunkt anzukommen
> Und den Ort zum erstenmal zu erkennen.[7]

Der Tod führt uns zu unserem Ursprungsort zurück, obwohl – wie Eliot sagt – wir nicht die gleichen Leute sein werden, die den Ausgangspunkt am Anfang der Reise verließen.[8] Leben ist eine Pilgerreise, die uns weiter in das Bewusstsein führt – durch Freude und durch Leiden.

Wenn wir in einer großen Menge von Menschen zusammenstehen – Männer, Frauen, Kinder und Kleinkinder –, kann es schwer fallen, zu glauben, dass jedem seine besondere Reise durch den Tod bevorsteht. Im Buch der Weisheit heißt es: »Alle haben den einen gleichen Eingang zum Leben; gleich ist auch der Ausgang.«[9] Der Tod mag als eine ferne Wirklichkeit erscheinen, eine, die nur das Leben der Menschen »da draußen« berührt; aber er wird jedem von uns gegeben. Der Engel des Todes besucht jeden von uns zu seiner Zeit. Wie die Gnade der Geburt jedem geschenkt ist, so auch die Gnade des Todes.

Wenn wir unter einem offenen Himmel stehen, an den unendlich scheinenden Weiten des Meeres oder vor hohen unerschütterlichen Bergen, fällt es vielleicht noch schwerer nachzuvollziehen, dass alles, was wir sehen, sein Kommen und sein Gehen hat. Es wird eine Zeit kommen, in der selbst die »alten, ewigen Felsen«, wie der St. Patricks-Hymnus sie nennt, nicht mehr sein werden. Alle Dinge gehen durch jene unsichtbar enge Öffnung des Todes, die scheinbar alles in die Nicht-Existenz stößt, das dort hindurchgeht. Edwin Muir sieht in seinem Gedicht *Die Rückreise*, dass jedes Lebensfeld zu seiner Zeit »reif zur Ernte« sein wird.[10]

Wie können wir lernen, in Beziehung darauf zu leben, dass alles seiner Ernte entgegengeht? Teilweise kann uns die Schöpfung selbst dabei helfen, sagt Muir. Jeder Abendhimmel, strahlend und golden, spricht von der Ernte dieses Tages. Der Tod ist gegenwärtig an jedem Abend. Er ist da im Vergehen jeden Augenblicks, und der Gnade, die ihn begleitet, entsprechen wir oder verweigern wir uns von Mal zu Mal. Eine Spiritualität wie die keltische, die aufmerksam ist für die Schöpfung, sieht im Tod nicht eine Bewegung fort vom Leben, sondern eine Gnade, durch die wir näher an die Quelle des Lebens kommen.

Ein Lied von den vor Schottland gelegenen *Western Isles*, das am Totenbett eines geliebten Menschen gesungen wurde, sieht die Gnade des Todes an als eine, die uns in das Haus der Jahreszeiten führt:

Du gehst heim heute Nacht in dein Haus für den Winter,
In dein Haus für den Herbst, den Frühling, den Sommer;
Du gehst heim heute Nacht in dein ewiges Heim ...
Schlafe, o schlaf in fortwährender Liebe.
Schlaf, mein Liebster, im Herrn des Lebens,
Schlaf, mein Liebster, im Gott des Lebens![11]

Wie der heilige Franziskus in seinem großartigen *Sonnengesang* sagt, ist der Tod die Gnade, die uns heimwärts führt.[12]

Wie sehen wir also unseren eigenen Tod oder den Tod jener, die wir lieben? Mitten in der Trauer und dem Nichtbegreifen, das wir oft fühlen, oder mitten im Zorn – haben wir da auch Augen dafür, im Tod eine verborgene Gnade zu sehen? Wagen wir es zu sagen, dass die Gnade der Heimkehr auch in den schlimmsten und ungerechtesten Toden zu suchen ist? In den Ostererzählungen der Evangelien wird beschrieben, dass der Stein vor dem Grab, in das der gekreuzigte Christus gelegt worden war, weggewälzt war. Das Herz des christlichen Mysteriums ist nicht die Vermeidung von Leiden, vielmehr die Überzeugung, dass der Ort des Todes nicht in sich verschlossen ist. Ist es möglich, sich auf diese Art auch den Massengräbern in Ruanda oder im früheren Jugoslawien zu nähern? Ein paar Tage nur nach dem Massaker von Dunblane 1996 in Schottland (als eine Schulklasse zu Opfern eines Amokschützen wurde), sagte ein Kind aus Portsmouth, während es auf ein Kruzifix schaute: »Das sieht aus wie die Kinder von Dunblane.« Wir glauben, dass Jesus in seinem schrecklichen Tod die Gnade gegeben wurde, voranzugehen in die Vereinigung mit Gott. Können wir Ja dazu sagen, dass das zutiefst wahr ist für alle Menschen, ob sie friedlich sterben oder gewaltsam, plötzlich oder erwartet?

Es hat immer die Neigung gegeben, zu versuchen, Kinder vor der dunklen Seite der Christusgeschichte abzuschirmen. Die Sicht des Propheten Jesaja auf den leidenden Gottesknecht, obwohl sie im Herzen unserer Überlieferung steht und in der Mitte der Karfreitagsliturgien der ganzen Kirche, wird den Jungen oft vorenthalten:

> Er wurde verachtet und von den Menschen gemieden
> ein Mann voller Schmerzen, mit Krankheit vertraut.
> Wie einer, vor dem man das Gesicht verhüllt,
> war er verachtet; wir schätzten ihn nicht.[13]

In der religiösen Erziehung der Kinder haben wir stattdessen dazu geneigt, uns auf die Bilder des lieben Jesus zu konzentrieren, zuvorkommend und freundlich. Wundern wir uns dann, wenn das christliche Erbe später im Leben bei so vielen zu fehlen scheint? In dem Moment, da sie anfangen, Ungerechtigkeit und Trauer mit anzuschauen und selbst zu erfahren – haben sie dann die Mittel und Wege, um in diesen Augenblicken voll Schmerz nach der Gnade zu suchen? Oder werden sie dann einfach an den Halbwahrheiten zweifeln, die sie von der Kirche bekommen haben, als diese die Wirklichkeit mied, dass Leiden und Tod auf jeden von uns warten?

Eine Frau erläuterte die Erfahrung, als ihr Herz durch die Übung der Meditation erwachte: Es sei ein Erwachen für die Achtsamkeit gegenüber dem Schmerz gewesen. Das innere Wissen, das christliche Spiritualität kennzeichnet, ist nicht nur eine Achtsamkeit für das Licht, welches die Finsternis nicht zu überwältigen vermocht hat, wie das Johannesevangelium sagt[14], sondern auch für das Leiden in uns und in allem Geschaffenen. Kinder sind auf ihre Art viel mehr in der Lage, Leiden und Tod anzuschauen, als wir ihnen zutrauen. Eine Mutter erzählte von der Beziehung ihres kleinen Sohnes mit einem Nachbarn, der an Krebs starb. Als der Tod schließlich kam, dachte sie, es wäre das Beste für den Jungen, nicht am Trauergottesdienst im Nachbarhaus teilzunehmen. Er aber fragte so lange nach, bis sie einwilligte. Bei der Trauerfeier hielt ihn seine Mutter hoch, sodass er den Leichnam sehen konnte, der ausgestreckt auf dem Tisch lag. Er sah ruhig auf den Körper und schien sich dann herabbeugen zu wollen, um ihn zu berühren. Tatsächlich aber wollte er herunter, um durch den Saal zu gehen und die Witwe zu umarmen. In einem Kind kann eine Achtsamkeit und Empfindsamkeit sein, die tiefer reichen als das bewusste Verstehen.

Wer in einer Kultur groß geworden ist, in der noch die Totenwache gehalten wird, ist noch vertraut mit den Bräuchen des Schauens und

Trauerns in der Nähe des Verstorbenen vor dem Begräbnis und dem Zusammensein hinterher, das der Wiederaufnahme der Fröhlichkeit dient. Solche Menschen erzählen ganz sachlich davon, wie sie Leichname auf Wohnzimmertischen liegen gesehen und in die Hausflure hineingeschaut haben, um zu sehen, wer da auf dem Tisch lag und wie er oder sie aussah. Kinder können lernen, den Tod als Teil dessen anzusehen, was uns im Leben zuteil wird. Wollen wir statt unserer Kinder nicht einfach uns selbst davor schützen, uns der Begegnung mit dem Tod auszusetzen? Darin spiegelt sich die Verleugnung des Todes, die unsere westliche Kultur durchdringt. Der Versuch, die Sterbenden und Toten so an den Rand des alltäglichen Lebens zu drängen, dass nur wenige von uns einen natürlichen Kontakt mit dem Sterben oder mit den Körpern der Verstorbenen haben, erzeugt beinahe den Eindruck, als ob wir nicht alle sterben müssten. Die Heilige Schrift sagt klar: »Ein Hauch ist der Mensch dem Leibe nach.«[15] Der Tod ist nicht das Ende, vielmehr ein Eingang, durch den wir gehen. Eliot schreibt:

Wir müssen still sein und dennoch vorangehen
Hinein in eine andere Inständigkeit
Zu neuer Vermählung, tieferer Vereinigung
Durch die dunkle Kälte, die leere Verödung,
Den Schrei der Wellen, des Winds, der weiten Gewässer
Von Sturmvogel und Tümmler.
In meinem Ende ist mein Anfang.[16]

Den Tod als Teil der uns aufgegebenen Lebensreise anzuerkennen bedeutet, besser vorbereitet zu sein, auch die Gnade zu suchen, die Gott uns im Sterben zu schenken verlangt. Es ist die Gnade, voranzugehen in das Leben. Der Priester in Shakespeares *Was ihr wollt* misst die Zeiten in Einheiten des Todes. Auf die Hochzeitsfeier zurückblickend, die er gerade geleitet hat, sagt er:

Von diesem Augenblick bis jetzt – das zeigt mir meine Uhr –
bin ich dem Grab zwei Stunden näher erst.[17]

Dies ist keine grämliche Sicht, eher Teil der Selbsterkenntnis und der Erkenntnis, dass alles sich auf seinen Tod zubewegt. Wenn wir die Wirklichkeit des Todes für uns selbst beim Namen nennen und glauben, dass es in ihr eine Gnade gibt, der wir entsprechen können, dann werden wir befreit sein – ob wir leben oder sterben. Eine weise alte Frau sagte zu einer jüngeren, die es für morbide hielt, ein Gespräch über den Tod zu führen: »Sie müssen nicht darüber reden. Aber irgendwann müssen Sie ihm ins Gesicht sehen, um davon frei zu werden.«

Jesu Worte, mit denen er seinen Geist in Gottes Hände legt, sind nicht einfach nur sein Sterbegebet, sondern das Gebet seines Lebens. Sein Leben war ein Loslassen in Gott, ein Sterben, wie er sagt, um zu leben. »Vater, in deine Hände lege ich meinen Geist« kann das Gebet sein, durch das wir uns für die Gnade des Sterbens in jedem Augenblick unseres Lebens öffnen. Denn diese Gnade ist nicht etwas, das wir entweder annehmen oder zurückweisen in einer Lebensphase in der Zukunft, wenn wir uns dem Ende unserer Lebensreise nähern. »Denn die Todesstunde«, sagt Eliot, »ist jeder Augenblick«.[18] Die Gnade des Sterbens und Auferstehens ist für uns gegenwärtig in jeder Erfahrung des Lebens – von den kleinsten Dingen bis zu den größten. Ihr zu entsprechen beeinflusst die Art und Weise, wie wir jeden Tag loslassen, und ebenso die Art und Weise, wie wir unser Leben loslassen werden.

Viele von uns werden bezeugen können, wie sich der Geist von Menschen an der Schwelle zum Tod veränderte, als sie losgelassen hatten. Gesichter, die von Spannung oder Bitterkeit geprägt waren, können ein ruhiges, ja strahlendes Aussehen annehmen. Eine Frau erzählte von ihrer Schwester, die nach langem Kampf mit dem Krebs gestorben war. Ihre Gesichtszüge, die vom Schmerz über Wochen gemartert waren, veränderten sich in ihrer Todesstunde in das Antlitz einer jugendlichen Frau. Die Gebete der keltischen Tradition nennen den Tod manchmal »den großen Schlaf Jesu«. Er wird beschrieben als der »junge Schlaf«, als der »erholsame Schlaf«, ebenso als der »Schlaf seiner Wunden« und der »Schlaf seiner Sorgen«.[19] In jedem Augenblick des Todes wird Gnade neuen Lebens angeboten. Das bedeutet nicht, dass der Schmerz des Verlustes und die Trauer, die ihn begleitet, von einem genommen werden; aber es deutet hin auf die Gnade mitten im Tod, auch wenn sie in Dunkel verhüllt sein mag.

Wenn wir uns in die Hände Gottes legen, überlassen wir uns nicht einem, der fern von uns ist. »Von unten tragen«, so sagt die Schrift, »die Arme des Ewigen.«[20] Es geht darum, durch das Netz des Todes hindurchzugehen, nicht, für immer darin eingeschnürt zu sein. Es geht darum zuzulassen, dass wir selbst noch tiefer fallen als in das Sterben, hinein in das, was die tiefste Wahrheit in uns ist. Es geht um eine Heimkehr in den Herzgrund unseres Lebens und allen Lebens. In einem alten keltischen Gebet heißt es:

Wie du vorher warst
Im Anfang meines Lebens,
Sei du auch wieder
Am Ende meiner Reise.[21]

In beidem, in unserem Leben und in unserem Sterben, geht es darum, dass wir erneuert werden in jenem Teil unseres Selbst, dessen Wurzeln noch immer im Paradies sind.

ÜBUNG

Finde eine bequeme und zugleich konzentrierte Sitzposition. Sei achtsam gegenüber deinem Körper und deiner Atmung, aber auch gegenüber dem, was um dich ist. Bei der Meditation geht es nicht darum, dass du dich vor dem Äußeren verschließt, sondern darum, dass du in deiner Achtsamkeit tiefer voranschreitest – sowohl gegenüber dem Innen wie dem Außen.

Beginne, schweigend die Worte Jesu zu wiederholen:

VATER, IN DEINE HÄNDE LEGE ICH MEINEN GEIST

Vielleicht muss der Satz verkürzt werden. Vereinfache ihn so, dass es dein Satz wird. Lass ihn deine tiefste Wirklichkeit ausdrücken.

Lass die Wiederholung der Worte einen natürlichen Rhythmus im Gleichklang mit der Atmung finden. »In deine Hände lege ich meinen Geist.« Wiederhole die Worte, während du ausatmest. Sei gewiss, dass du dich selbst nicht jemandem übergibst, der weit entfernt ist, sondern dem *Einen*, der nahe ist. Gott ist im Herzgrund deines wahren Selbst. Diese Worte der Hingabe richten sich auf das, was die tiefste Wahrheit in dir ist. Wenn du dann einatmest, sei dir bewusst, dass du aus diesen wahren Tiefen schöpfst. Spüre, dass du durch das *Leben* in dir erneuert wirst, das tiefer reicht selbst als der Tod.

Nach fünfzehn Minuten stiller Meditation dieser Worten beginne, die tiefsten Verlangen deines Herzens für dich selbst und für deine Welt auszudrücken. Wisse, dass du durch solches Beten deine Stimme vereinst mit Christi unaufhörlichem Gebet für das Leben der Welt. Beschließe dein Gebet mit dem Vaterunser.

Anhang

Eine Anleitung für den Gebrauch in Gruppen

EINFÜHRUNG

Gehen Sie mit der Gruppe das Wesentliche des jeweiligen Kapitels durch. Erläutern Sie dabei, dass im Mittelpunkt des Treffens nicht der Lesestoff steht, sondern die anschließende Gruppenmeditation. Das geschriebene Wort ist einfach eine Vorbereitung für das, was darauf folgt.

Weisen Sie auf den Charakter des Treffens hin, indem Sie daran erinnern, dass die vorgeschlagene Methode der Schriftmeditation die *lectio divina* ist, die aus der *lectio* (Lesung), der *meditatio* (Meditation) und der *oratio* (Gebet) besteht.

Vorbereitung

Ermutigen Sie die Teilnehmenden, eine bequeme und zugleich aufrechte und aufmerksame Körperhaltung für die Meditation zu finden.

Beginnen Sie gemeinsam mit den Worten des Gebetes um die Reinheit des Herzens:

Allmächtiger Gott,
dem alle Herzen offen stehen,
dem alle unsre Wünsche bekannt sind
und dem kein Geheimnis verborgen ist.
Reinige so die Gedanken unseres Herzens
durch das Wirken deines Heiligen Geistes,
dass wir dich völlig lieben
und deinen heiligen Namen wertschätzen und verherrlichen.
Durch Jesus Christus, unseren Herrn.
Amen.

Lectio

Erinnern Sie die Gruppe an die Stelle aus der Heiligen Schrift, die in der Meditation verwendet werden soll.

Lesen Sie danach laut die Anleitungssätze zur »Übung« am Ende des jeweiligen Kapitels vor (mit Ausnahme des letzten Abschnitts).

Meditatio

Wiederholen Sie noch einmal die Worte aus der Heiligen Schrift für die Meditation.

Lassen Sie fünfzehn Minuten Zeit zur inneren Betrachtung.

ORATIO

Führen Sie die Gruppe mit Hilfe des letzten Abschnitts der jeweiligen »Übung« zum schweigenden Gebet.

Stellen Sie sicher, dass dafür volle fünf Minuten Zeit ist.

Beschließen Sie das Gebet, indem Sie gemeinsam das Vaterunser beten:

Vater unser im Himmel,
geheiligt werde dein Name,
dein Reich komme,
dein Wille geschehe wie im Himmel,
so auch auf Erden.
Unser tägliches Brot gib uns heute
und vergib uns unsere Schuld,
wie auch wir vergeben unseren Schuldigern.
Und führe uns nicht in Versuchung,
sondern erlöse uns von dem Bösen.
Denn dein ist das Reich und die Kraft
und die Herrlichkeit in Ewigkeit.
Amen.

GESPRÄCH IN KLEINEN GRUPPEN

Ermutigen Sie die Teilnehmenden, kleine Gruppen von zwei oder drei zu bilden, um über die Erfahrungen während der Meditation zu sprechen und über alle Erinnerungen oder Bilder, die vielleicht während der Meditation ins Bewusstsein gestiegen sind.

Setzen Sie dafür mindestens zehn Minuten Zeit an.

GESPRÄCH IM PLENUM

Rufen Sie danach die Teilnehmenden ins Plenum zurück und laden Sie sie ein, aus ihren Meditationserfahrungen oder Kleingruppengesprächen das mitzuteilen, was sie mitteilen möchten. Nutzen Sie diese Beiträge als Grundlage für ein Gespräch mit der ganzen Gruppe über das Thema der Betrachtung.

Geben Sie sich und der Gruppe mindestens dreißig Minuten Zeit zum gemeinsamen Nachdenken und Sprechen.

Beschließen Sie das Treffen mit einem gemeinsamen Segensgebet:

Die Gnade unseres Herrn Jesus Christus,
die Liebe Gottes, des Vaters,
und die Gemeinschaft des Heiligen Geistes
sei mit uns allen
heute und in Ewigkeit.
Amen.

Anmerkungen

Einführung

1 Edwin Muir, One Foot in Eden, in: Ders., Selected Poems. Faber and Faber 1965, 80.

2 Vgl. J. Philip Newell, Listening for the Heartbeat of God: a Celtic spirituality. SPCK 1997. In diesem Buch habe ich versucht, diesem Hauptpunkt keltischer Spiritualität von seinen frühesten Zeugnissen im Britannien des vierten Jahrhunderts an bis in die Dichtung und Handwerkskunst der keltischen Tradition in der modernen Welt auf der Spur zu bleiben.

3 E. Muir, One Foot in Eden, in: Ders., Selected Poems, a.a.O., 80; vgl. Matthäus 13,24f.

4 Vgl. Matthäus 13,44.

5 Thomas Stearns Eliot, East Coker – Vier Quartette, in: Ders., Gesammelte Gedichte 1909–1962, Hg. und mit einem Nachwort von Eva Hesse, Frankfurt am Main ^{2}1988, 303.

6 T. S. Eliot, Die Dry Salvages – Vier Quartette, in: Ders., Gesammelte Gedichte 1909–1962, a.a.O, 317.

7 Johannes 1,9. – Hinweis: Philip Newell versteht den Evangelientext so, wie es auch die Luther-Bibel tut: »Das war das wahre Licht, das alle Menschen erleuchtet, die in diese Welt kommen« (nach der revidierten Luther-Bibel von 1984). Die Einheitsübersetzung liest an dieser Stelle: »Das wahre Licht, das jeden Menschen erleuchtet, kam in die Welt.«

8 Johannes Cassian, Conlationes Patrum, 10,14. – Hinweis: Für Cassians »Unterredungen der Väter« verweist Philip Newell auf die Ausgabe: John Cassian, Conferences, Paulist Press 1985. Zitate von Cassian sind entsprechend dieser Ausgabe aus dem Englischen übertragen worden. Vgl. auch die deutsche Textauswahl: Johannes Cassian, Gott suchen – Sich selbst erkennen. Einweisung in das christliche Leben. Teil I–III. Ausgewählt, übertragen und eingeleitet von Getrude und Thomas Sartory, Freiburg – Basel – Wien 1993. Zu conl. 10,14 vgl. in dieser Ausgabe 261.

9 Cassian, conl. 10.10; vgl. J. Cassian, Gott suchen – Sich selbst erkennen, 250–258.

10 Cassian, conl. 10.14; vgl. J. Cassian, Gott suchen – Sich selbst erkennen, 261.

11 Cassian, conl. 10.11; vgl. J. Cassian, Gott suchen – Sich selbst erkennen, 259–260

12 Cassian, conl. 10.11; vgl. J. Cassian, Gott suchen – Sich selbst erkennen, 259–260

13 Vgl. Ps 46,11a: »Seid still und erkennt, dass ich Gott bin.«

14 Cassian, conl. 10.13; vgl. J. Cassian, Gott suchen – Sich selbst erkennen, 260f.

15 Die Wolke des Nichtwissens, Kapitel 7. – Hinweis: Philip Newell verweist auf die Ausgabe: The Cloud of Unknowing, translated by Clifton Wolters, Penguin Books 1961. Für den deutschen Text vgl. auch: Wolke des Nichtwissens und Brief persönlicher Führung. Anleitung zur Meditation, Freiburg – Basel – Wien 1998; neu übertragen und herausgegeben von Willi Massa.

16 Psalm 70,2. Interessanterweise sind dies die Worte, die im anglikanischen »Book of Common Prayer« zum Gebrauch im Abendgebet aufgenommen wurden und über Jahrhunderte in der englischen Gebetstradition wiederholt wurden: »O God, make speed to save us: O Lord, make haste to help us« (O Gott, eile, uns zu retten; o Herr, spute dich, uns zu helfen). Sie finden auch Verwendung im Stundengebet der römisch-katholischen Kirche.

17 Cassian, conl. 10.11; vgl. J. Cassian, Gott suchen – Sich selbst erkennen, 259–260

1 Geburt und Heiligkeit

1 Johannes 1,9. Vgl. Anmerkung 7 zur »Einführung«.

2 Vgl. Hebräer 11,3.

3 Robert Van de Weyer (ed.), The Letters of Pelagius. Arthur James Ltd 1995, 36.

4 Ijob 38,8.

5 Ijob 12,10.

6 Vgl. Genesis 1,31a: »Gott sah alles an, was er gemacht hatte: Es war sehr gut.«

7 Vgl. Johannes 1,3.

8 R. S. Thomas, A.D., Counterpoint. Bloodaxe Books 1990, 42.

9 William Butler Yeats, The Two Trees. Selected Poetry. Macmillan 1971, 20.

10 William Wordsworth, Ode: Intimations of Immortality from Recollections of Early Childhood, V 1.62–165.

11 Anthony de Mello, Daß ich sehe. Meditationen des Lebens, Freiburg – Basel – Wien 61994, 19.

12 Vgl. Römer 8,22f.

2 Kindheit und Unschuld

1 William Blake, Ein Wiegenlied – Lieder der Unschuld, in: Ders., Zwischen Feuer und Feuer. Poetische Werke. Zweisprachige Ausgabe. Aus dem Englischen neu übersetzt und mit Anmerkungen herausgegeben von Thomas Eichhorn, München 1996, 55.

2 W. Blake, Das kleine verlorengegangene Mädchen – Lieder der Erfahrung, in: Ders., Zwischen Feuer und Feuer. Poetische Werke, a.a.O., 83.

3 W. Blake, Das kleine wiedergefundene Mädchen – Lieder der Erfahrung, in: Ders., Zwischen Feuer und Feuer. Poetische Werke, a.a.O., 87.

4 W. Wordsworth, Ode: Intimations of Immortality, I 1.1–5.

5 E. Muir, An Autobiography. Hogarth Press, 31.

6 E. Muir, The Original Place, in: Ders., Selected Poems, a.a.O., 31.

7 E. Muir, One Foot in Eden, in: Ders., Selected Poems, a.a.O., 81.

3 Jugend und Erwachen

1 Jeremia 33,3.
2 Aus den »Note books« von S. T Coleridge, zitiert nach Carl Gustav Jung, Erinnerungen, Träume, Gedanken. Aufgezeichnet und herausgegeben von Aniela Jaffé, Olten und Freiburg i. Br., ^{7}1971, 1.
3 Augustinus, Confessiones, X. Buch, 3. Kapitel, Abschnitt XXVII, zit. nach: Aurelius Augustinus, Die Bekenntnisse. Vollständige Ausgabe. Übertragung, Einleitung und Anmerkungen von Hans Urs von Balthasar, Einsiedeln 1985, 266.
4 Matthäus 9,1–8.
5 Johannes Scotus Eriugena, Homilie zum Prolog des Johannesevangeliums, in: The Voice of the Eagle. John Scotus Eriugena's Homily on the Prologue to the Gospel of St John, Lindisfarne Press 1990, 49.
6 Johannes 1, Verse 1 und 3.
7 Vgl. Johannes 1,5. – Hinweis: Philip Newell liest hier: »Und das Licht leuchtet in der Finsternis, und die Finsternis hat es nicht überwältigt.« In diesem Verständnis ist Johannes 1,5 für ihn von großer Bedeutung.
8 Vgl. Offenbarung 9,1f.
9 Lady Julian of Norwich, Offenbarungen von göttlicher Liebe. In der ursprünglichen Fassung zum erste Mal übersetzt und eingeleitet von Elisabeth Strakosch, Einsiedeln 1960, 87f.
10 Vgl. Lukas 15,11–32.
11 Lady Julian of Norwich, Offenbarungen von göttlicher Liebe, a.a.O., 67.
12 Lukas 2,51.

4 Frühes Erwachsenenalter und Leidenschaft

1 Vgl. Matthäus 15,32.
2 Vgl. Lukas 7,13.
3 Vgl. Lukas 19,42.
4 Lukas 19,46; vgl. Jesaja 56,7.
5 Jeremia 31,3.
6 Hosea 11,8.
7 H. A. Williams, Some Day I'll Find You. Fount 1984.
8 Vgl. 1 Korinther 3,16.
9 Matthäus 6,6.
10 Psalm 46,11a: »Seid still und erkennt, dass ich Gott bin.«
11 Kenneth White, The House of Insight, in: The Bird Path. Mainstream 1989, 146: »multiple meditations / the wonderful understanding / wunderstanding / into the nakedness / behind the signs / deep deep down / where it all / ultimately matters ... / surrounded by eternity«.
12 Matthäus 5,8.
13 W. Blake, Die Hochzeit von Himmel und Hölle. Eine Auswahl aus prophetisch-revolutionären Schriften. Herausgegeben, kommentiert und völlig neu und frei übersetzt von Silvia Luetjohann, Bad Münstereifel 1987, 76.
14 Offenbarung 3,16.
15 Die Regel des heiligen Kolumban; zitiert nach Ian Finlay, Columba, Gollancz 1979, 176.
16 Amos 5,21.24.
17 George Herbert, Liebe (III), in: Geh, fang einen Stern, der fällt. Gedichte von John Donne, George Herbert und Andrew Marvell. Zweisprachige Ausgabe. Mit Übertragungen von Werner Vordfriede und Wolfgang Kaußen und einem Essay von T. S. Eliot herausgegeben. von Wolfgang Kaußen, Frankfurt am Main – Leipzig 2001, 113.

18 Lukas 23,28.
19 Vgl. Johannes 11,35.
20 Vgl. Lukas 19,41.
21 Vgl. Galater 5,23.
22 Vgl. Lukas 9,23.
23 Lukas 9,24.

5 Mittlere Jahre und Hingabe

1 Vgl. Augustinus, Confessiones, X. Buch, 1. Kapitel, Abschnitt X; vgl. Augustinus, Die Bekenntnisse, a.a.O., 250f.
2 Vgl. David Bohm, Die implizite Ordnung. Grundlagen eines dynamischen Holismus. Ins Deutsche übersetzt von Johannes Wilhelm, München 1985.
3 E. Muir, The Journey Back, in: Ders., Selected Poems, a.a.O., 60.
4 Kolosser 1,16.
5 Römer 8,2.
6 Matthäus 22,39.
7 Offenbarung 2,4f.
8 Psalm 27,10.
9 Vgl. Teresa de Jesús, Castillo interior. – Hinweis: Philip Newell verweist auf die englische Ausgabe: Saint Teresa, The Interior Castle, translated by the Benedictines of Stanbrook. London 1921. Vgl. die deutsche Ausgabe: Teresa von Àvila, Seelen-Burg oder Die sieben inneren Wohnungen der Seele (Kleine Bibliothek spiritueller Weisheit), Freiburg – Basel – Wien 1999 (besonders 207-239: Die siebte Wohnung).
10 Vgl. Matthäus 5,45.
11 Lukas 23,34.
12 Johannes 10,30.

6 Alter und Weisheit

1 Ijob 1,21.
2 Vgl. Matthäus 2,1–12.
3 Jesus Sirach 1,10.
4 Weisheit 8,8.
5 Vgl. 1 Korinther 1,25.
6 Jesus Sirach 1,14.
7 Jesus Sirach 4,12.
8 T. S. Eliot, Ein Lied für Simeon. Übersetzt von Michael Hanke, in: Rudolf Germer, T. S. Eliot: A Song for Simeon, in: Michael Hanke (Hg.), Englische Gedichte des 20. Jahrhunderts, Stuttgart 1997, 111.
9 T. S. Eliot, Die Dry Salvages – Vier Quartette, in: Ders., Gesammelte Gedichte 1909–1962, a.a.O., 317.
10 T. S. Eliot, Burnt Norton – Vier Quartette, in: Ders., Gesammelte Gedichte 1909–1962, 283.
11 T. S. Eliot, Der Adler schwingt im Himmelsjoch – Chöre aus ‚The Rock‘, in: Ders., Gesammelte Gedichte 1909–1962, 239.
12 Jesus Sirach 8,6.
13 The Letters of Pelagius, 74.
14 Weisheit 5,10.
15 Vgl. Jesus Sirach 4,20.
16 Jesus Sirach 20,1.
17 Offenbarung 22,2.
18 Vgl. Weisheit 6,24.
19 Weisheit 7,7f.
20 Lukas 2,30.

7 Tod als Heimkehr

1 Jesus Sirach 40,11.

2 Lukas 23,46; vgl. Psalm 31,6.

3 Lukas 22,39–44.

4 Alexander Carmichael (ed.), Carmina Gadelica III. Scottish Academic Press 1976, 81. – Hinweis: Uralte keltische Segenssprüche, Wünsche und Anrufungen, in Schottland von Generation zu Generation mündlich in gälischer Sprache überliefert, wurden im neunzehnten Jahrhundert durch Alexander Carmichael mit Hilfe seiner Frau und seiner Tochter gesammelt, aufgezeichnet und ins Englische übersetzt. Eine Auswahl in deutscher Übertragung: Umarmt von der Schöpfung. Weisheit der Kelten. Aus dem Englischen übersetzt, ausgewählt und mit einem Nachwort von Maja Ueberle-Pfaff, Freiburg – Basel – Wien 2001.

5 Umarmt von der Schöpfung, a.a.O., 26 (Carmina Gadelica III, 203).

6 Jesus Sirach 41,3.

7 T. S Eliot, Little Gidding – Vier Quartette, in: Ders., Gesammelte Gedichte 1909–1962, a.a.O., 335.

8 »Fahret voran, ihr Reisenden! Nicht vor Vergangenem flüchtend / In ein anderes Leben oder in irgendeine Zukunft; / Ihr seid ja die gleichen nicht mehr, die den Bahnhof verließen« (T. S. Eliot, Die Dry Salvages – Vier Quartette, in: Ders., Gesammelte Gedichte 1909–1962, a.a.O., 313).

9 Weisheit 7,6.

10 E. Muir, The Journey Back, in: Ders., Selected Poems, a.a.O., 66.

11 Umarmt von der Schöpfung, a.a.O., 43f. (Carmina Gadelica III, 383).

12 San Francesco d'Assisi, Cantico di Frate Sole o Laude delle Creature. Hinweis: Vgl. die Übertragung ins Deutsche durch Romano Guardini in: Ders., Der Heilige Franziskus, Zürich 1951: »Gelobet seist Du, Herre mein / durch unsern Bruder / den leiblichen Tod / vor welchem keiner der lebenden Menschen / mag entrinnen. – Wehe Denen, die sterben in tödlicher Sünde / und selig Jene, so erfunden sind / in Deinen allerheiligsten Willen / denn der Tod, der zweite / wird ihnen Böses nicht tun. – Lobet und benedeiet meinen Herrn / und saget Dank, ihr Geschöpfe all / und dienet ihm / mit großer Demut« (neunter und zehnter Lobpreis, in Guardini, a.a.O., 61).

13 Jesaja 53,3.

14 Vgl. Johannes 1,5. Vgl. Anmerkung 7 in Kapitel 3 »Jugend und Erwachen«.

15 Jesus Sirach 41,11.

16 T. S. Eliot, East Coker – Vier Quartette, in: Ders., Gesammelte Gedichte 1909–1962, a.a.O., 303.

17 William Shakespeare, Was ihr wollt, Fünfter Akt, erster Auftritt, in: Thomas Brasch: Shakespeare-Übersetzungen, Frankfurt am Main – Leipzig 2002, 77.

18 T. S. Eliot, Die Dry Salvages – Vier Quartette, in: Ders., Gesammelte Gedichte 1909–1962, a.a.O., 315.

19 Umarmt von der Schöpfung, a.a.O., 43 (Carmina Gadelica III, 383).

20 Deuteronomium 33,27.

21 Carmina Gadelica III, 65.

Zum Verfasser

J. PHILIP NEWELL, 1953 in Kanada geboren, promovierte an der Universität von Edinburgh über keltische Spiritualität. Er ist verheiratet, Vater von vier Kindern und war als Geistlicher der Kirche von Schottland an der Kathedrale von Edinburgh tätig.

Davor leitete er die Abtei von Iona, die 563 vom heiligen Kolumban grundgelegt und im zwanzigsten Jahrhundert wiedererrichtet wurde. Sie ist das Zentrum der 1938 begründeten *Ökumenischen Kommunität von Iona*, deren Mitglieder weltweit die Suche nach einer ganzheitlichen, Aktion und Kontemplation vereinenden Spiritualität verbindet.

Philip Newell war Verantwortlicher für Spiritualität in der anglikanischen Diözese von Portsmouth in England und arbeitet in der geistlichen Begleitung, vor allem auch mit Gruppen. Neben seinen Vorträgen und Workshops ist er vor allem durch seine Publikationen bekannt geworden.

Er gilt in Großbritannien und Nordamerika als bedeutende Stimme der Wiederentdeckung des keltischen Christentums für eine menschenfreundliche Spiritualität der Gegenwart., Heute lebt er in Edinburgh als Autor spiritueller Literatur. Das vorliegende Buch ist die erste Veröffentlichung von Philip Newell auf Deutsch.

Der Verfasser ist im Internet erreichbar:
http://www.jphilipnewell.com